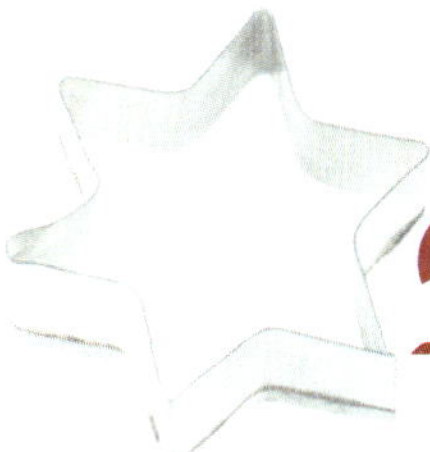

Plätzchen backen

Sebastian Dickhaut

Plätzchen backen

Traumhafte Klassiker, pfiffige Varianten

AUGUSTUS

Die Deutsche Bibliothek - CIP-Einheitsaufnahme

Dickhaut, Sebastian:
Plätzchen backen – Traumhafte Klassiker, pfiffige Varianten /
Sebastian Dickhaut. - München : Augustus, 2001
ISBN 3-8043-6125-0

Gedruckt auf elementar chlorfrei gebleichtem Papier

Augustus Verlag, München 2001

Umschlaggestaltung: H3A GmbH, München
Umschlagbild: StockFood / Michael Brauner
Layout: Cornelia Osterbrauck, München; Marion Kraus, Augsburg;
Stefanie Mayr, Donauwörth
Fotos: Odette Teubner, Füssen
Satz: Stefanie Mayr, Donauwörth
Reproduktion: Repro Mayr, Donauwörth
Druck und Bindung: Offizin Andersen Nexö, Leipzig –
ein Betrieb der INTERDRUCK Graphischer Großbetrieb GmbH

Printed in Germany

ISBN 3-8043-6125-0

Inhaltsverzeichnis

Für bunte Teller

Nach gutem Brauch

Mit Kernen und Früchten

Leicht und luftig

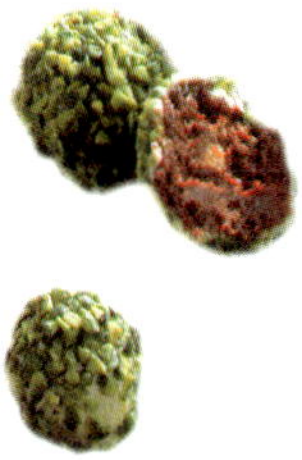

Und immer wieder etwas ganz Besonderes ...

Abkürzungen

EL = Eßlöffel
TL = Teelöffel
Msp. = Messerspitze
kg = Kilogramm
g = Gramm
l = Liter
ml = Milliliter

Wunderbare Weihnachtsbäckerei

Mehr denn je wird zur Adventszeit zu Hause wieder selbst gebacken. Je moderner die Welt wird, desto lieber behält man ein paar schöne Gewohnheiten bei.

Das heißt natürlich nicht, daß Weihnachtsbäckerei nur etwas für Altmodische ist. Dazu gibt's inzwischen viel zu viele junge und jung gebliebene Plätzchenbäckerinnen und -bäcker. Und die mögen beides: Klassiker wie Vanillekipferl oder Printen und »Newcomer« wie Christmas-Muffins oder Pignoli-Kipferl. Nur Streß beim Backen, den mögen die Plätzchenfans von heute nicht.

Das haben wir uns gedacht und deswegen dieses Buch gemacht. Hier finden Sie über 70 Rezepte für Weihnachtsplätzchen und -gebäck sowie für kleine Köstlichkeiten aus der Konfektschachtel. Wir haben so lange ausprobiert und nachgecheckt, bis jede dieser Delikatessen für das Prädikat »Lieblingsstück« reif war. Das bedeutet nicht nur, daß wir aus vielen Rezepten die jeweils besten »herausgeschmeckt« haben; wir haben die Kreationen außerdem auf Narrensicherheit geprüft und von allem komplizierten Beiwerk befreit.

Herausgekommen ist dabei eine Sammlung von Altbewährtem und neuen Ideen, die Bestand hat. Die Evergreens unserer Weihnachtsbäckerei stehen neben Plätzchen mit Witz und Pfiff, ein paar fast vergessene Stücke haben wir wiederentdeckt und uns auch auf den bunten Tellern anderer Nationen umgesehen. Das alles ist übersichtlich in fünf Kapitel aufgeteilt, Hinweise auf das Besondere jedes Gebäcks und Konfekts sowie auf Zubereitungs- und Backzeiten machen die Wahl noch leichter.

Ab der nächsten Seite finden Sie Tips zu Zutaten und Teigen sowie zum Backen und Aufbewahren. Zu manchen Plätzchen und Zutaten erzählen wir Ihnen auch ein paar kleine Geschichten aus alter Zeit – damit das Backen noch mehr Spaß macht. Und wenn für viele Jahre unser Buch im Advent auf Ihrem Küchentisch liegt, freut uns das besonders.

Wer will gute Plätzchen backen ...

... der muß haben sieben Sachen. Die alte Weisheit für Kuchenbäcker gilt auch für die Plätzchenfans von heute. Nur die Zusammenstellung der wichtigen Zutaten sieht etwas anders aus: Eier und Schmalz (das für alle Fette steht) sind natürlich auch für Plätzchen nötig, ebenso das Mehl. Selbst den Safran kann man stehen lassen, stellvertretend für all die wichtigen Gewürze in der Plätzchenbäckerei. Dann wären da aber noch die Nüsse und Kerne, die dem Weihnachtsgebäck das typische Aroma und den guten Biß geben. Bleiben noch die Süße und die Triebmittel – und da muß es nicht nur Zucker oder Backpulver sein. Die sieben Sachen zum Plätzchenbacken im Überblick:

Tip

Schlagen Sie die Eier vor dem Verarbeiten einzeln in eine Tasse, um sie auf Frische und Sauberkeit zu testen. Wenn sie nämlich einmal nicht optimal sind, muß später nicht gleich der ganze Teig dran glauben.

Eier

Am besten gelingt Gebäck mit sehr frischen Eiern, die an einem schön gewölbten Dotter und festem Eiklar zu erkennen sind. Damit ist nicht nur guter Geschmack garantiert, sondern auch ein besseres Gelingen der Rezepte – frisches Eiklar läßt sich leichter steif schlagen, frisches Eigelb bindet besser. Die Rezepte in diesem Buch sind mit Eiern der Größe M (50 g) entwickelt worden.

Butter & Co.

Für einige Plätzchen- und Konfektrezepte ist Butter ein Muß – nur sie gibt diesen typischen wärmenden, satten und duftigen Geschmack, der das Gebäck erst richtig rund macht. Heidesand (Rezept Seite 31) oder Trüffel (Rezepte ab Seite 108) ohne Butter? Unvorstellbar! Aber wo das Milchfett nur als reine Zutat zum guten Gelingen verwendet wird, kann Butter meist durch zum Backen geeignete Margarine ersetzt werden. Vorsicht beim Mürbeteig. Hier muß die Margarine wirklich eiskalt und fest sein, da sie sonst zu schnell schmilzt und der Teig auf diese Weise brandig wird. Am besten läßt sich das mit der etwas härteren Backmargarine vermeiden. Bei der Lebkuchenbäckerei sowie bei manch anderen Plätzchenrezepten aus alter Zeit wird Schweineschmalz als Fett verwendet – besonders wichtig ist das bei Printen (Rezept Seite 44), die erst damit so richtig »echt« schmecken.

Mehl

Ist bei den Zutaten nur von Mehl die Rede, ist damit das gewöhnliche Weizenmehl der Type 405 (in Österreich 480) gemeint. Wenn das Gebäck etwas feiner werden soll, können Sie das Mehl durch etwas Speisestärke ersetzen. Gemahlene Kerne und Nüsse geben als »Mehlersatz« ein besonderes Aroma, haben aber nicht die fürs Backen nötige Klebereigenschaften von Mehl – also bitte nur sparsam abwandeln.

Das gilt auch für die Verwendung von Vollkorn- sowie anderen Getreidemehlen, zumindest wenn Sie die gleichen Ergebnisse wie im ursprünglichen Rezept erwarten. Vollkornmehle backen trockener, was sich durch zusätzliche Flüssigkeit etwas ausgleichen läßt, und andere Mehle (z.B. aus Roggen, Hafer, Mais oder Buchweizen) verhalten sich beim Backen anders als Weizenmehl. Am besten funktioniert's, wenn Sie maximal ein Viertel des gewöhnlichen Mehls ersetzen – oder gleich nach einem Vollkornrezept backen.

Süße

Einst war Zucker nur etwas für wohlhabende PlätzchenbäckerInnen, da er aus den Zuckerrohrländern der tropischen Zone nach Europa importiert werden mußte. Mit der Entdeckung, daß sich auch aus der heimischen Zuckerrübe der süße Stoff raffinieren läßt, war's vorbei mit diesem Privileg. Doch inzwischen sind wieder Alternativen zur Zuckersüße gefragt. Flüssiges wie Honig und Sirup oder Dicksäfte aus dem Reformhaus (z.B. von Äpfeln, Birnen und Agaven) kann Gebäck einen neuen und gesunden Geschmack geben, bei manchen traditionellen Rezepten ist es sogar wesentlich.

Tip

Gewiefte Plätzchenbäckerinnen geben mit dem Zucker eine ganz kleine Prise Salz an den Teig. Das hebt den Geschmack der einzelnen Zutaten.

Aber denken Sie daran: Diese Zutaten machen das Gebäck weicher, und sie süßen bei gleicher Menge weniger als Zucker. Umgekehrt ist's beim Süßstoff, so daß auch seine Zugabe als Zuckerersatz ein Rezept entscheidend verändert. Brauner sowie Rohrzucker geben einen intensiven, etwas »karameligen« Geschmack, was man besonders in den USA liebt. Körniger Kandis, auch »Grümmel« genannt, oder Hagelzucker dekorieren auf süße Weise. Das tut auch der Puderzucker – indem er entweder über die Plätzchen gesiebt oder zu einer Glasur verrührt wird.

Gewürze

Erst die richtige Weihnachtswürze macht aus einem guten, aber gewöhnlichen Plätzchen etwas ganz Besonderes. Typische Weihnachtsgewürze sind Anis, Ingwer, Kardamom, Koriander, Nelken und Zimt, auch Muskat, Piment und Pfeffer stehen auf der Zutatenliste von traditionellen Plätzchenrezepten. Eine ausgewogene Mischung aus allem bietet das Lebkuchengewürz – eine gute Alternative, wenn man nur wenige Plätzchen bäckt und so keinen großen Gewürzvorrat anlegen will. Ganz wichtig ist natürlich die Vanille. Ihr Aroma gibt es frisch aus der Schote, konserviert als Pulver oder im echten Vanillezucker. Dieser ist teurer, aber auch prägnanter als der übliche Vanillinzucker mit künstlichem Aroma. Letzteres steckt auch in den Ölen, die tröpfchenweise Gebäck ihren sehr intensiven Geschmack nach Vanille, Rum, Bittermandel oder Zitrone geben.

Tip

Um Mandelkerne oder Haselnüsse von ihren Häutchen zu befreien, geben Sie sie für einige Minuten in aufgekochtes Wasser. Dann mit kaltem Wasser abschrecken – und schon lassen sich die Umhüllungen leicht lösen.

Nüsse, Kerne & Co.

Nüsse und Kerne liegen besonders zur Weihnachtszeit in verschiedenen Formen und Verarbeitungen in den Regalen der Geschäfte. Am beliebtesten sind Haselnüsse und Mandelkerne, die ganz (mit oder ohne Häutchen), in Blättchen oder gemahlen zu haben sind. Haselnüsse werden auch noch feingehackt und karamelisiert als Krokant angeboten, Mandeln gehackt oder in Stiften. Alternativen sind Wal-, Pecan- oder Erdnüsse, Pistazien, Pinien-, Cashew- oder auch Sonnenblumen- und Kürbiskerne. Mit ihnen können Sie Rezepte abwandeln. Auch Mohnsamen, Kokosraspel, Cerealien wie Corn-Flakes sowie Haferflocken sind gehaltvolle und beliebte Bereicherungen für das Weihnachtsgebäck

Tip

In manchen Rezepten wird in den Zutaten »1/2 Päckchen Backpulver« verlangt oder die Menge in Teelöffeln gemessen. Zur Orientierung und gezielten Resteverwertung: Ein normales Päckchen enthält 15 g Backpulver, was sechs gestrichenen Teelöffeln entspricht und für 500 g Mehl ausreicht.

Triebmittel

Vor allem schwere Teige, aus denen später einmal lockere Plätzchen werden sollen, brauchen Hilfe beim Backen – wie etwa der Rühr- oder der Lebkuchenteig. Manche dieser Triebmittel wirken erst beim Backen, andere bereits im Teig – gemeinsam ist ihnen in jedem Fall, daß sie den Teig durch Gärung »aufpumpen«.

Das gebräuchlichste Triebmittel ist Backpulver, das vor allem in Rührteigen verwendet wird. Es muß mit Mehl vermischt werden, damit es sich gut im Teig verteilt – und der sollte nach dem Verkneten möglichst bald gebacken werden. Hirschhornsalz ist eher zur Lockerung flacher, süßer Gebäcke geeignet denn als echtes Triebmittel, da es in zu großen Mengen einen unangenehmen Beigeschmack entwickelt. Pottasche wird mit Flüssigkeit angerührt und vor allem Lebkuchenteigen zugegeben. Die eigentliche Treibarbeit erledigt Pottasche im rohen Teig, weswegen Lebkuchenteige mindestens einen Tag ruhen sollten. Ein in der Plätzchenbackstube eher seltenes Triebmittel ist Hefe. Tips zum Umgang finden Sie unter dem Stichwort Hefeteig (Seite 16).

Tip

Legen Sie Trockenfrüchte längere Zeit in Flüssigkeit ein, saugen sie sich damit voll, werden besonders saftig und nehmen das entsprechende Aroma an. Am bekanntesten sind die Rumrosinen. Die Einweichzeit können Sie verkürzen, indem Sie die Früchte kurz in der Flüssigkeit erhitzen und abkühlen lassen.

Was Plätzchen erst so richtig gut macht

Eier und Mehl, Butter und Schmalz – alles schön und gut, aber die große Abwechslung verspricht das noch nicht. Für den entscheidenden »Kick« in Plätzchen & Co. braucht's noch ein paar ganz besondere Sachen.

Früchte & Co.

Sie geben Gebäck saftige Süße und halten es zugleich länger frisch – die getrockneten und kandierten Früchte. Bei den Trockenfrüchten kommen an erster Stelle die getrockneten Trauben wie Sultaninen, die kleinen Korinthen und die Rosinen. Sie werden vor dem Backen gut mit kaltem Wasser abgespült und trockengetupft. Ebenfalls beliebt in Weihnachtsgebäck: getrocknete Feigen, Aprikosen, Äpfel, Pflaumen und Birnen. Letztere werden in Süddeutschland auch »Kletzen« genannt und über Nacht eingeweicht, da sie besonders hart getrocknet sind.

Die bekanntesten kandierten, also in Zucker gekochten und gezogenen »Früchte« sind Orangeat und Zitronat aus der Schale von Zitrusfrüchten sowie Belegkirschen. Aber auch Ananas, Mango oder Papaya werden kandiert angeboten, ebenso Rosen- oder Veilchenblätter. Zwei fruchtige Klassiker kommen aus dem Glas: Aprikosenkonfitüre zum Glasieren von Gebäck, und das Johannisbeergelee für Füllungen.

Schokolade und Marzipan

Diese beiden Zutaten sind schon für sich etwas Feines und werden oft zum Veredeln von Plätzchen oder zur Herstellung von Konfekt verwendet. Für besondere Kreationen eignet sich die etwas herbere Zart- oder Halbbitterschokolade, ansonsten ist Kuvertüre die bessere Wahl, vor allem beim Verzieren (Seite 19). Marzipan besteht aus fein gemahlenen Mandeln sowie Zucker und wird als Rohmasse angeboten. Diese wird dann meist noch mit Puderzucker verknetet, damit sie sich besser verarbeiten läßt.

Tip

Das brauchen Sie auf jeden Fall zur Teigzubereitung: eine Waage, Eß- und Teelöffel sowie ein Litermaß (ab 50 ml) zum Abmessen von Zutaten; Schüsseln aus Metall oder Kunststoff; eine Küchenmaschine mit Knet- und Rührhaken; ein feines Sieb fürs Mehl; einen Rührlöffel mit Loch zum Vermengen; einen Teigschaber; einen Teigroller; diverse Ausstecher, Teigräder und ein Messer zum Formgeben und Zuschneiden.

So macht Backen von Anfang an Spaß

Plätzchenbacken ist keine große Kunst, wenn Sie einige Regeln beachten. Bereiten Sie sich auf Ihre Zeit in der Küche und am Ofen nur ein klein wenig vor, dann werden Sie in den folgenden Minuten und Stunden mehr Freude als Arbeit haben – und Plätzchen bekommen, die ein wahrer Genuß sind. Zuerst einmal brauchen Sie Platz: zum Teigkneten und Ausrollen möglicherweise, ganz sicher für die Backbleche. Räumen Sie sich also die Arbeitsflächen frei von allem unnötigem Ballast. Denken Sie auch daran, daß es beim Backen nicht immer sauber zugeht – je weniger jetzt in Reichweite steht, desto weniger Mehl oder Teigspuren müssen Sie später entfernen.

Stellen Sie alle Werkzeuge und Geräte für die Arbeit sowie die Zutaten bereit. Letztere sollten, je nach Teig zumindest die flüssigen und die fetten Lebensmittel, die gleiche Temperatur haben – also rechtzeitig in den Kühlschrank stellen oder von dort herausholen. Größere Mengen wiegen und messen Sie am besten gleich ab, und wenn vor dem Vermengen noch etwas bearbeitet – etwa gehackt oder gerieben – werden muß, dann tun Sie's jetzt; denn später, beim Herstellen des Teiges, ist es am besten, wenn alles schnell geschieht.

Tip

Ausstechreste von Mürbeteig werden schnell verknetet und dann erneut wie der ganze Teig zuvor gekühlt – dann können Sie sie wieder verarbeiten. Was dann noch übrig bleibt, ist allerdings kaum noch für Plätzchen geeignet. Backen Sie es einfach mit und verwenden Sie diesen »Plätzchenbruch« als süße Brösel für Desserts.

Teig für Teig – so geht's gut

Jeder gute Teig hat sein kleines Geheimnis, das ihn und die daraus entstehenden Plätzchen zu etwas ganz Besonderem macht. Wenn Sie diese Geheimnisse kennen, kann nichts mehr schiefgehen. Sie wissen schon Bescheid? Na, wunderbar. Allen anderen verraten wir hier schon einmal, wie Sie Ihre Vanillekipferl garantiert so richtig mürbe bekommen, warum unsere Albertle zugleich locker und buttrig sind und weshalb es eigentlich ganz leicht ist, zarte Zimtsterne aus dem Ofen zu holen. Und vielleicht entdecken ja selbst die Erfahrenen noch ein paar Geheimtips.

Mürbeteig

Er wird auch Knetteig genannt und ist der klassische Plätzchenteig sowohl für Ausgestochenes als auch für Geformtes. Mürbeteigplätzchen werden fast immer ohne Triebmittel gebacken und verändern sich daher beim Backen in der Größe kaum. Da der Teig beim Kneten nicht zu warm werden darf, ist es wichtig, daß die Zutaten möglichst kalt sind. Das gilt vor allem für die Butter, die wegen der schnelleren Verarbeitung in Stücke geschnitten wird. Kommt Ei in den Teig, sollte es auch gut gekühlt sein. Haben Sie eine starke Küchenmaschine ab 500 Watt Leistung, können Sie alle Zutaten darin schnell verkneten. Ansonsten werden Mehl und Zucker vermischt und auf eine Arbeitsfläche gehäuft. Dazu kommen Butter und Ei, dann alles mit dem Messer krümelig hacken und schnell verkneten. Jetzt den Teig zur Kugel formen oder gleich etwas flach drücken – dann läßt er sich später leichter ausrollen – und in Folie wickeln. Nun kommt er zum Ruhen mindestens eine halbe, am besten aber zwei Stunden in den Kühlschrank. Dann wird er nach Rezept weiterverarbeitet. Klassische Mürbeteigplätzchen sind Linzer Schnitten (Rezept Seite 32).

Tip

Wenn sich die Butter-Ei-Masse nicht verbindet, ist das noch kein Drama. Setzen Sie die Schüssel in nicht zu heißes Wasser und rühren Sie so lange mit dem Löffel darin, bis sich die Masse in der Wärme verbindet, allerdings ohne dabei flüssig zu werden.

Rührteig

Auch er ist ein Standard in der Weihnachtsbäckerei. Er kommt vor allem bei reichhaltigen, saftigen Plätzchen zum Zuge. Beim Rührteig ist's genau andersherum als beim Mürbeteig – hier muß die Butter warm und weich sein, damit sie sich schaumig rühren läßt. Dann werden abwechselnd die zimmerwarmen Eier und der Zucker daruntergerührt.

Bis dieser gelöst und die Masse richtig luftig und glatt ist, lassen Sie das Rührgerät am besten 5 Minuten oder länger laufen. Wenn nun aber das gesiebte Mehl – meist mit Backpulver vermischt – dazukommt, muß es schnell gehen, sonst wird der Teig zäh. Am besten, Sie rühren eine Hälfte des Mehls noch in der Maschine darunter, der Rest wird mit dem Rührlöffel daruntergezogen – nur so lange, bis sich alles vermischt hat. Und dann gleich ab damit auf Bleche oder in Formen und hinein in den Ofen. So macht man zum Beispiel Albertle (Rezept Seite 36).

Tip

Eine Prise Salz oder ein Spritzer Zitronensaft lassen das Eiweiß beim Schlagen noch leichter zu Eischnee werden.

Lebkuchenteig

Für diesen Teig brauchen Sie Geduld. Er muß nämlich nach der recht einfachen Zubereitung Stunden, am besten Tage reifen, damit die Pottasche in ihm die lockernde Wirkung entfalten kann. Deswegen wurde er klassisch mit dem haltbareren Schmalz statt Butter und ohne Eier zubereitet – so konnte er die lange Reifezeit auch in kühlschranklosen Zeiten überstehen. Gemacht ist er schnell: Honig bzw. Sirup, eventuell Zucker und das Fett erhitzen, bis alles gelöst ist. Dann alles etwas abkühlen lassen und mit Mehl verkneten. Wichtig ist, die Kuchen rechtzeitig, also noch etwas weich aus dem Ofen zu nehmen, sonst werden sie zu hart. Ein typisches Lebkchenrezept finden Sie auf Seite 46.

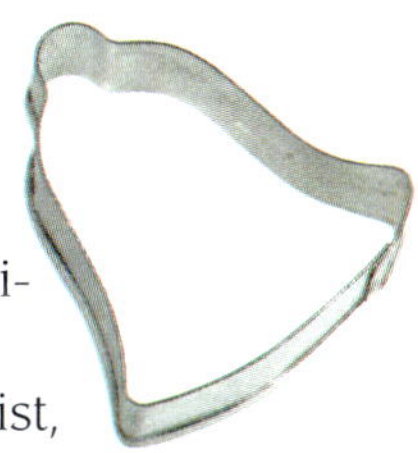

Baiser- und Makronenmasse und Nußteig

Allen dreien ist gemeinsam, daß ihre Basis zu Schnee geschlagenes Eiweiß ist. Bei den Baisers und Makronen zählt vor allem die Luftigkeit des Eischnees, bei Gebäck aus Nußteig eher dessen Zartheit. Wichtig ist, daß kein Fett ins Eiklar kommt – also Rührbesen und -schüssel sehr gut reinigen und darauf achten, daß nicht ein Tröpfchen fettes Eigelb ins Eiklar gelangt. Dann wird das Eiklar langsam an- und dann immer kräftiger aufgeschlagen, bis der Schnee fast steif ist. Nun den Zucker langsam einrieseln lassen und weiterschlagen, bis er völlig gelöst und der Schnee glänzend ist. Kann man ihn nun mit einem Messer regelrecht in Stücke schneiden, ist er richtig. Für Makronen werden die festen Bestandteile ganz locker mit dem Schneebesen daruntergehoben, dann wird der Teig auf Oblaten gesetzt und sofort im heißen Ofen gebacken. Beim Nußteig werden die gemahlenen Nüsse – oder Kerne – gründlich daruntergezogen. Nußteig muß vor der Verarbeitung meist gekühlt werden. Das berühmteste Gebäck aus Nußteig sind Zimtsterne (Rezept Seite 28).

Hefeteig

Auch wenn er kein Plätzchenteig ist, gehört er auf jeden Fall zur Weihnachtsbäckerei. Denn aus ihm bestehen so traditionsreiche Stücke wie ein echter Christstollen oder Brotfiguren für die Nikolauszeit. Hefeteig wird aus zimmerwarmen Zutaten zubereitet, wobei die Milch sogar lauwarm sein sollte, damit sich die Hefe in ihr besonders gut entwickeln kann. Dazu wird die Hefe mit etwas Mehl und Zucker verrührt und dann zugedeckt an einen warmen, zugfreien Ort zum Gehen gestellt.

Ist dieser Vorteig zur doppelten Größe aufgegangen, wird er mit den übrigen Zutaten – Mehl, weitere Milch, eventuell Zucker – verknetet. Dann erst kommen fetthaltige Zutaten wie Eier und Butter dazu. Je nach Rezept wird der Teig nun weiterverarbeitet, wobei er mindestens noch einmal, meist noch ein zweites Mal geht. Nikolausbrote (Rezept Seite 58) sind ein typisches Adventsgebäck aus Hefeteig.

Die richtige Form – so klappt's bestimmt

Der Teig ist gemacht, nun müssen noch Plätzchen daraus werden. Wichtig ist immer, daß alle Stücke gleichmäßig groß sind. Nur dann werden die Plätzchen beim Backen alle zugleich fertig.

Ausrollen

Für ausgestochene oder zugeschnittene Plätzchen werden die Teige – Mürbeteig, fester Rührteig, Lebkuchenteig – zuerst ausgerollt. Dazu bestreuen Sie die Arbeitsfläche leicht mit Mehl und drücken den Teig etwas flach. Nun werden Teigroller und Teigoberfläche auch mit Mehl bestäubt und der Teig gleichmäßig mit nicht zu viel Druck ausgerollt. Dazu immer wieder in eine andere Richtung rollen und den Teig öfters drehen, damit sich eine möglichst rechteckige Platte bildet. Beginnt diese festzukleben, lösen Sie sie mit einer Palette von der Arbeitsfläche und entfernen Sie die Teigreste darauf. Nun die Fläche erneut bemehlen und den Teig weiter ausrollen. Eher weiche Teige lassen sich am besten zwischen Klarsichtfolie ausrollen, Nußteige (z.B. für Zimtsterne) werden auf gemahlenen Nüssen ausgerollt.

Tip

Zum Aufspritzen von Teigen den Spritzbeutel vor dem Füllen erst am Rand großzügig umstülpen. So bleibt dieser sauber, und Ihre Hände verkleben später nicht beim Arbeiten.

Ausstechen

Meist reicht es, die Ausstechformen öfters in etwas Mehl zu tauchen, damit sich die rohen Plätzchen leicht daraus lösen. »Kehren« Sie dann mit einem weichen, dicken Pinsel das übrige Mehl herunter. Achten Sie darauf, daß schon in der ersten Runde wenig Teigreste übrigbleiben, denn erneutes Verkneten und Ausstechen macht die Plätzchen nicht besser. Im Zweifelsfall schneiden Sie die Plätzchen lieber gerade zu. Bei Nußteigen ist es am besten, die Ausstecher immer wieder in Puderzucker oder kaltes Wasser zu tauchen.

Formen

Manche Plätzchen, wie z.B. die Vanillekipferl, werden mit den Händen geformt. Diese werden dabei leicht mit Mehl bestäubt. Formen Sie wirklich nur so lange wie nötig, sonst werden die Plätzchen durch die Körperwärme zu weich. Eiweißteige und weiche Rührteige werden oft mit einem Löffel geformt, der dabei immer wieder in kaltes Wasser getaucht wird. Aber nicht zu oft, damit der Teig nicht verwässert.

So kriegen Sie's gebacken

Der Teig ist gemacht, die Plätzchen sind portioniert, der Ofen angeheizt – jetzt geht's los. Eigentlich kein Problem, denn Backtemperatur und -zeit sind ja bei allen Rezepten genau angegeben. Beachten Sie auch die Hinweise zu den verschiedenen Ofentypen, denn im Umluftherd muß eine niedrigere Temperatur als im Elektroherd herrschen. Und denken Sie daran, daß auch der perfekteste Ofen ein Eigenleben entwickeln kann. Kennen Sie das Ihres Ofens nicht so gut, lohnt sich ein Backofenthermometer, das Ihnen ständig die exakte Gradzahl anzeigt.

Mit jedem Öffnen der Ofentür geht Hitze verloren, warten Sie also damit bis zum letzten Drittel der Backzeit. Dann aber ist Ihr Gefühl gefragt: Testen Sie, ob die Plätzchen schon gar sind oder noch etwas Zeit brauchen. Vor allem bei kurzen Backzeiten zählen am Ende Minuten. Denken Sie daran, daß die heißen Plätzchen auch außerhalb des Ofens nachgaren und beim Abkühlen noch fester werden. Plätzchen aus Lebkuchen- und Nußteig müssen sogar noch weich sein, wenn sie aus dem Ofen kommen.

Sind die Plätzchen gebacken, setzen Sie sie zum Abkühlen sofort auf ein Gitter. Dort sollten sie mindestens eine Nacht lang auskühlen und nachtrocknen, damit sie sich später gut aufbewahren lassen. Makronen müssen sogar zwei Tage offen an einem trockenen, möglichst geruchfreien Ort (also nicht in der Küche) stehen, um ihre Knusprigkeit auf Dauer zu behalten. Bei Lebkuchen dauert's genauso lang, allerdings mit dem Ziel, daß sie wieder Feuchtigkeit aufnehmen und etwas weicher werden. Nur Rührteigplätzchen werden schon nach wenigen Stunden, manchmal sogar noch leicht angewärmt verpackt, damit sie saftig bleiben.

So bleibt alles frisch

Fast alle Plätzchen lassen sich aufbewahren, bei manchen ist die Reifezeit sogar wichtig, damit sie ihren ganzen Geschmack entfalten. Je nach Plätzchenart sind verschiedene Behälter ideal, eines ist aber immer wichtig: Jede Gebäcksorte für sich lagern, damit das Aroma nicht verfälscht wird. Und am besten zwischen jede Lage einen Bogen Butterbrotpapier legen, damit die Plätzchen nicht zusammenkleben.

Mürbe Plätzchen

Sie sind eigentlich immer in einer Blechdose gut aufgehoben, da hier noch etwas Luft herankommt. Sie schmecken nach einigen Tagen bis zu einer Woche Reife noch besser und bleiben zwei bis drei Wochen frisch.

Konfekt und mit Cremes gefüllte Plätzchen

Sie werden am besten in Gläser gesteckt und kühl aufbewahrt – ist frische Sahne oder Butter in der Masse, am besten im Kühlschrank. Je nach Zutaten liegt die Haltbarkeit zwischen einigen Tagen und einer guten Woche.

Makronen und feuchtes Gebäck

Sie werden so luftdicht wie möglich gelagert, um sie vor weiterer Feuchtigkeit zu schützen. Ideal dafür sind gut schließende Plastikbehälter oder Gefrierbeutel, die verschlossen werden. Zartes Gebäck aus Nußteig lagern Sie besser in Dosen.

Printen und Lebkuchen
Sie brauchen mindestens eine Woche »Reife« in Dosen. Ein Stück Apfel verhindert das Hartwerden. Achtung aber, daß nichts schimmelt. Wichtig: Honiggebäck drei Stunden vor dem Verzehren herausnehmen, damit es weich wird.

Der Trick mit der Schokolade

Tip

Wenn Ihnen das Temperieren der Kuvertüre zu schwierig ist, können Sie auch mit Kuchenglasur arbeiten. Diese schmeckt zwar nicht so gut wie Schokolade, muß aber nur nach Packungsanweisung geschmolzen werden – ideal vor allem für kleinere Verzierungen.

Das ist immer noch das beste, was einem Plätzchen oder einem Stück Konfekt passieren kann – die Vollendung mit Schokolade. Das können ein paar dekorative Spritzer oder ein satter Überzug sein. Und wenn man die Eigenheiten des »braunen Golds« kennt, kann man aus Gebäck und Konfekt richtige Schmuckstücke machen. Dazu wird Kuvertüre im Wasserbad geschmolzen und temperiert, so daß die Verzierung den berühmten seidigen Schoko-Glanz erhält. Das geht am besten mit einem Thermometer, das zwischen 25 und 45°C messen kann.

Hacken Sie die Kuvertüre klein und erhitzen Sie zugleich Wasser in einem Topf auf etwa 60°C. Da hinein setzen Sie eine Metallschüssel mit der Hälfte der Kuvertüre und schmelzen diese unter gelegentlichem Rühren, bis sie gut 40°C warm ist. Die übrige Kuvertüre nun noch feiner hacken. Die Schüssel aus dem Topf nehmen und die gehackte Kuvertüre einrühren, bis sie geschmolzen ist und die Masse wieder fest zu werden beginnt – sie sollte dann unter 30°C warm sein. Nun die Schüssel wieder in den Topf mit heißem Wasser setzen und die Kuvertüre leicht auf 33°C erwärmen. Nun ist sie fertig zum Überziehen und Verzieren.

So falten Sie eine Spritztüte
Für die Verzierungen mit Kuvertüre und Glasuren eignet sich am besten eine selbstgemachte Spritztüte aus Pergamentpapier. Und so geht's: Aus Papier ein Quadrat schneiden und dies diagonal in zwei Dreiecke schneiden. Nun eine Ecke der langen Dreieckseite zur Mitte der ihr gegenüberliegenden kurzen Seite drehen und alles zu einer Tüte einrollen. Die überstehenden Ecken nun nach außen bzw. innen falten. Die Masse einfüllen, die Tüte wie eine Tube stramm aufrollen und die Spitze abschneiden – je größer das Loch, desto dicker die Linien beim Aufspritzen.

Für bunte Teller

Früher gab's Weihnachtsplätzchen erst ab dem ersten Feiertag nach dem Ende der adventlichen Fastenzeit. In noch früheren Zeiten allerdings war bereits der Nikolaustag das, was für uns heute das Christfest ist. Und da gab's und gibt's bis heute die bunten Teller mit süßen Köstlichkeiten in allen Formen und Farben. Also naschen Sie ruhig schon vor dem Fest von unseren Walnußsternen und Mini-Muffins – unseren Segen haben Sie jedenfalls.

Walnußsterne

Klassiker
Für 50–60 Stück

250 g Mehl
100 g Zucker
Salz
1 Eigelb
1 EL Crème fraîche
100 g Butter

Für den Belag

150 g Walnüsse
1 Eiweiß
50 g Zucker
3 Tropfen Mandel-Aroma
50 g dunkle Kuchenglasur
30 g Pistazienkerne

Außerdem

Mehl zum Ausrollen
Butter für die Backbleche
Sternausstecher

Arbeitszeit: 45 Minuten
Ruhezeit: 2 Stunden
Backzeit: 12–15 Minuten
E-Herd 175 °C/
Umluft 160 °C/ Gas Stufe 2

1 Für den Teig das Mehl mit Zucker und 1 Prise Salz mischen. Auf die Arbeitsfläche geben, in der Mitte eine Mulde formen. Eigelb und Crème fraîche verquirlen und in die Mulde geben. Butter in Stückchen schneiden und darauf verteilen. Alle Zutaten mit dem Messer krümelig hacken und schnell verkneten. Teig in Folie 2 Stunden kühlen.

2 Inzwischen die Walnüsse fein reiben. Vor dem Ausrollen des Teigs Eiweiß mit Zucker schnittfest schlagen und die Walnüsse samt dem Mandel-Aroma darunterziehen.

3 Den Ofen auf 175 Grad vorheizen. Den Teig auf bemehlter Fläche dünn ausrollen und Sterne ausstechen. Übrigen Teig erneut verkneten, ausrollen und ausstechen.

4 Auf jeden Stern 1 TL Nußmasse setzen und die Plätzchen auf gebutterte Bleche geben. Im heißen Ofen (Mitte) 12–15 Minuten backen. Auf Gittern auskühlen lassen.Die Glasur schmelzen, die Pistazien zur Hälfte hineintauchen und die Nußsterne damit verzieren.

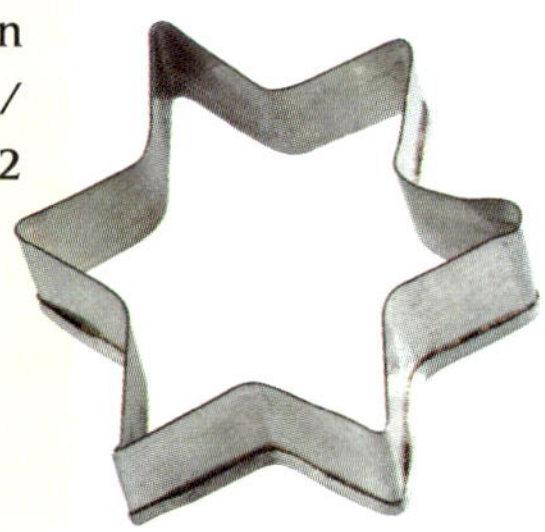

Bild Seite 20/21

Mini-Muffins

1 Die Zitrone heiß abwaschen, abtrocknen und die Schale dünn abreiben. Die Butter schmelzen und abkühlen, aber nicht erstarren lassen. Die Förmchen mit etwas flüssiger Butter ausstreichen.

2 Die Eier mit dem Puderzucker dick schaumig rühren. Mehl und Backpulver mischen und samt der flüssigen Butter und Zitronenschale mit dem Kochlöffel unter die Eimasse ziehen. Dabei gerade nur so lange rühren, bis alles vermengt ist. Den Teig halbieren.

3 Den Ofen auf 200 Grad vorheizen. Kakao und Milch verrühren und mit einer Hälfte des Teigs vermengen. Nun die Förmchen bis zum Rand mit hellem und dunklem Teig gleichzeitig füllen.

4 Die Mini-Muffins auf ein Blech setzen und im heißen Ofen (Mitte) 10–12 Minuten backen, bis sie aufgegangen sind. Abkühlen lassen. Die Konfitüre erhitzen, die Oberfläche der Muffins damit bepinseln und sofort mit Zuckerwerk verzieren. Frisch schmecken sie am besten.

Na, so was!

Auch wenn die Muffins von den USA aus Europa erobert haben, erfunden wurden sie einst wohl von englischen Hausfrauen, die sie allerdings noch mit Hefe buken. Inder Neuen Welt bekamen sie mit der Entdeckung des Backpulvers ihre heute so beliebte Rezeptur.

Bild Seite 20/21

Geht ganz leicht

Für etwa 40 Stück

- ½ unbehandelte Zitrone
- 100 g Butter
- 2 Eier
- 100 g Puderzucker
- 120 g Mehl
- 2 Msp. Backpulver
- 1 EL Kakaopulver
- 3 EL Milch

Außerdem

- je 50 g weiße und Halbbitter-Kuvertüre
- etwa 50 g Aprikosenkonfitüre
- buntes Zuckerwerk zum Verzieren
- Butter für die Förmchen aus Metallfolie

Arbeitszeit: 30 Minuten
Backzeit: 12–15 Minuten
E-Herd 200 °C/
Umluft 160 °C/ Gas Stufe 2

Das lieben Kinder

Für 20–30 Stück

3 hartgekochte Eigelb
100 g saure Sahne
1/2 unbehandelte Zitrone
100 g weiche Butter
100 g Zucker
Salz
170 g Mehl

Außerdem

Mehl zum Ausrollen
Butter für die Backbleche
1 Eigelb
1 EL Kondensmilch
Hagelzucker zum Verzieren

Arbeitszeit: 45 Minuten
Ruhezeit: 2 Stunden
Backzeit: 15–20 Minuten
E-Herd 200 °C/
Umluft 180 °C/ Gas Stufe 3

Sauerrahmbrezeln

1 Die Eigelbe durch ein feines Sieb streichen und mit der sauren Sahne glattrühren. Die Zitrone heiß abwaschen, abtrocknen und die Schale dünn abreiben.

2 Die Butter schaumig rühren, dann Zucker, Zitronenschale und 1 Prise Salz zugeben und weiterrühren, bis der Zucker fast gelöst ist. Das Ei-Sahne-Gemisch darunterrühren, dann die Hälfte des Mehls und 1 Prise Salz unterkneten, den Rest mit dem Rührlöffel untermengen. Den Teig in Folie 2 Stunden kühlen.

3 Den Ofen auf 200 Grad vorheizen. Den Teig in kleine Portionen teilen und auf bemehlter Fläche zu etwa 5 mm dicken und 20–25 cm langen Röllchen ausrollen. Diese zu Brezeln zusammenlegen und auf ein gebuttertes Backblech setzen.

4 Eigelb und Kondensmilch verquirlen und die Sauerrahmbrezeln damit bestreichen. Den Hagelzucker darüberstreuen und die Brezeln im heißen Ofen (Mitte) in 15–20 Minuten goldgelb backen. Auf einem Gitter über Nacht auskühlen lassen.

Na, so was!

Die klassische Brezel war einst vor allem ein Fastengebäck, und ihre Form wird entweder als die zum Beten gekreuzten Arme eines Mönchs oder als die Fessel Christi auf dem Kreuzweg gedeutet. Im alten Volksglauben galt die Brezel als Mittel gegen Zahnweh. Unsere süße Variante taugt weder dazu noch zum Fasten. Dafür schmeckt sie einfach zu gut.

Schön zum Verschenken

Für 30–40 Stück

200 g Mehl	
50 g Speisestärke	
120 g Zucker	
120 g gemahlene Haselnüsse	
1 TL Backpulver	
200 g Zartbitter-Schokolade	
250 g kalte Butter	
3 Eigelb	
40 g Puderzucker	
1 EL Milch	
1 EL Kakaopulver	
150 g dunkle Kuchenglasur	
50 g Haselnuß-Krokant	
Mehl zum Ausrollen	

Arbeitszeit: 1 Stunde
Ruhezeit: 2 Stunden
Backzeit: 15–20 Minuten
E-Herd 200 °C/
Umluft 180 °C/Gas Stufe 3

Schokoladentaler

1 Mehl, Speisestärke, Zucker, Nüsse und Backpulver mischen. Schokolade reiben, Butter in Stücke schneiden. Mehlmischung, 150 g Schokolade und 200 g Butter mit den Eigelben schnell zu einem glatten Teig verkneten, in Folie wickeln und 2 Stunden durchkühlen. Übrige Butter bei Zimmertemperatur stehen lassen.

2 Den Ofen auf 200 Grad vorheizen. Den Teig auf bemehlter Fläche dünn ausrollen und runde Plätzchen ausstechen (Ø 3–4 cm). Übrigen Teig erneut verkneten, ausrollen und ausstechen. Plätzchen auf mit Backpapier belegte Bleche setzen und im heißen Ofen (Mitte) 15–20 Minuten backen. Auf einem Gitter über Nacht auskühlen lassen.

3 Für die Füllung die übrige Butter mit Puderzucker, Milch und Kakao schaumig rühren. Je 2 Plätzchen damit zusammensetzen. Die Glasur schmelzen und die Plätzchen darin tauchen. Auf Gitter setzen, mit Krokant bestreuen und die Kuvertüre antrocknen lassen. Auf Backpapier setzen und völlig trocknen lassen.

Schmandkringel

Originell
Für 50–60 Stück

1 unbehandelte Zitrone
120 g weiche Butter
90 g weiches Schmalz
60 g brauner Zucker
Salz
300 g Mehl
etwa 100 g Schmand (ersatzweise Crème fraîche)
150 g Zitronenmarmelade
je 50 g weiße und Halbbitter-Kuvertüre
etwa 50 g Aprikosenkonfitüre
buntes Zuckerwerk zum Verzieren
Butter für die Förmchen aus Metallfolie

Arbeitszeit: 30 Minuten
Backzeit: 12–15 Minuten
E-Herd 180 °C/
Umluft 160 °C/ Gas Stufe 2

1 Die Zitrone heiß abwaschen und abtrocknen. Die Schale dünn abreiben. Butter und Schmalz mit Zucker, Zitronenschale und 1 Prise Salz schaumig rühren. Nach und nach das Mehl und 4–5 EL Schmand untermengen, so daß ein knetbarer Teig entsteht. Diesen in Folie wickeln und 2 Stunden durchkühlen.

2 Den Ofen auf 180 Grad vorheizen. Teig auf bemehlter Fläche dünn ausrollen und daraus runde Plätzchen ausstechen (Ø 4–5 cm). Diese nochmals in der Mitte ausstechen (Ø 2–3 cm). Den übrigen Teig erneut verkneten, ausrollen und ebenso ausstechen.

3 Die Kringel auf gebutterte Bleche setzen, dünn mit dem übrigen Schmand bestreichen und mit Zucker bestreuen. Im heißen Ofen (Mitte) 10–12 Minuten backen und auf Gittern auskühlen lassen.

4 Die Marmelade erhitzen und durch ein Sieb streichen. Die Hälfte der Kringel damit bestreichen und mit den anderen Kringeln zusammensetzen.

Variante

Sie können die Kringel auch nach dem Backen solo mit einer Zitronenglasur überziehen. Dazu 1 Eiweiß mit 1 EL Zitronensaft und 150 g Puderzucker 15 Minuten lang schlagen, dabei nach und nach 5 weitere EL Zitronensaft sowie die abgeriebene Schale von 1 unbehandelten Zitrone unterrühren. Dann die einzelnen Kringel durch die Glasur ziehen, abstreifen und auf Gittern trocknen lassen.

Klassiker
Für 70–80 Stück

3 Eiweiß
1 TL Zitronensaft
250 g Puderzucker
200 g gemahlene Haselnüsse
etwa 150 g gemahlene Mandeln
1 Päckchen Vanillezucker
1–2 TL gemahlener Zimt
3 Tropfen Mandel-Aroma

Arbeitszeit: 1 Stunde
Ruhezeit: 2 Stunden
Backzeit: 20–30 Minuten
E-Herd 120 °C/
Umluft 100 °C/Gas Stufe 1/2

Zimtsterne

Sie dürfen auf keinem bunten Teller fehlen, und Rezepte dafür gibt es wie Sterne am Himmelszelt. Dieses aber ist unser Star.

1 Die Eiweiße mit dem Zitronensaft steif schlagen. Den Puderzucker sieben und eßlöffelweise darunterschlagen, bis ein glänzender, schnittfester Schnee entstanden ist. 4 EL abnehmen und kühl stellen.

2 Haselnüsse, 100 g Mandeln, Vanillezucker und Zimt mischen und mit dem Mandel-Aroma unter den Eischnee mengen. Er sollte nicht zu feucht sein. Falls nötig, noch Mandeln unterkneten. Die Masse zugedeckt 2 Stunden kühlen.

3 Den Ofen auf 120 Grad vorheizen. Die Masse auf der mit den übrigen Mandeln bestreuten Arbeitsfläche knapp 1 cm dick ausrollen. Davon Sterne ausstechen, dabei die Form immer wieder in kaltes Wasser tauchen. Übrige Masse erneut verkneten, kühlen, ausrollen und ausstechen.

4 Die Sterne auf mit Backpapier belegte Bleche setzen. Den übrigen Eischnee glattrühren und darauf verstreichen. Zimtsterne im heißen Ofen (Mitte) 20–30 Minuten trocknen lassen, so daß sie an der Unterseite noch etwas weich sind und die Glasur schön weiß bleibt. Sofort vom Blech nehmen und auf Gittern 2 Tage lang nachtrocknen lassen.

Bild: Zimtsterne; Vanillekipferl, Rezept Seite 30

Klassiker
Für etwa 50 Stück

250 g Mehl
100 g gemahlene Mandeln
50 g Puderzucker
4 Päckchen Bourbon-Vanillezucker
Salz
200 g kalte Butter
1 Eigelb
4 EL Zucker zum Wenden
Mehl zum Ausrollen

Arbeitszeit: 30 Minuten
Ruhezeit: 3 Stunden
Backzeit: 12–15 Minuten
E-Herd 180 °C/
Umluft 160 °C/Gas Stufe 2-3

Vanillekipferl

1 Mehl, Mandeln, Puderzucker, 2 Päckchen Vanillezucker und 1 Prise Salz vermengen. Die Butter in Würfel schneiden. Alles mit dem Eigelb schnell zu einem glatten Teig verkneten und in Folie 3 Stunden durchkühlen.

2 Den Ofen auf 180 Grad vorheizen. Den Teig auf bemehlter Fläche zu daumendicken Rollen formen. Davon 2 cm breite Stücke abschneiden, zu 1 cm dicken Röllchen rollen und diese zu Kipferln formen. Auf mit Backpapier belegte Bleche setzen.

3 Die Vanillekipferl im heißen Ofen (Mitte) in 12–15 Minuten nicht zu dunkel backen. Inzwischen übrigen Vanillezucker und Zucker mischen. Die fertigen Kipferl sofort vom Blech ziehen, etwas abkühlen lassen und noch warm vorsichtig in der Zuckermischung wenden. Auf Gitter setzen und über Nacht auskühlen lassen.

Na, so was!

Mit dem Namen dieser Lieblingsplätzchen aus dem Alpenraum ist es wie beiden Semmelknödel(n) – mit oder ohne »n« am Schluß? In Österreich erspart man sich sogar manchmal noch das »r«, aber eigentlich ist das nur bei großem Gebäck üblich. Wir plädieren für den Mittelweg, allerdings nur beim Namen. Das Rezept ist nämlich vom Feinsten.

Bild Seite 29

Heidesand

Die idealen Einsteiger für die Weihnachtsbäckerei mit Kindern: Bei der mühelosen Zubereitung können sie praktisch nichts falsch machen (nur beim Butterbräunen etwas aufpassen), und den ersten Biß in diese herrlich mürben, fein sandigen Plätzchen vergessen sie ihr Leben lang nicht mehr.

1 Die Butter in einem Topf sanft erhitzen, bis sie leicht zu bräunen beginnt, und abkühlen lassen.

2 Das Mehl sieben und mit Backpulver, Zucker und Vanillezucker mischen. Mit der abgekühlten, aber noch flüssigen Butter verkneten.

3 Den Ofen auf 175 Grad vorheizen. Mit dem Teelöffel kleine Portionen vom Teig abnehmen und zwischen bemehlten Händen zu nußgroßen Kugeln formen. Diese auf mit Backpapier belegte Bleche setzen und im heißen Ofen (Mitte) 12–15 Minuten backen.

4 Die Plätzchen sofort vom Blech ziehen, etwas auskühlen lassen und noch warm im Zucker wälzen. Über Nacht auskühlen lassen und am besten noch 2 Tage luftdicht aufbewahrt reifen lassen.

Na, so was!

Heidesand ist tatsächlich im Raum Lüneburg besonders beliebt, und das nicht nur zur Weihnachtszeit. Ihren Namen verdanken die Plätzchen ihrer feinen Körnung, die besonders in diesem Rezept gut zur Geltung kommt und an den Sand aus der Lüneburger Heide erinnert. Allerdings zergeht er hier auf der Zunge, anstatt zwischen den Zähnen zu knirschen.

Geht ganz leicht

Für 40–50 Stück

250 g Butter
400 g Mehl
1 TL Backpulver
200 g Zucker
1 Päckchen Vanillezucker
Mehl zum Formen
Zucker zum Wälzen

Arbeitszeit: 30 Minuten
Backzeit: 12–15 Minuten
E-Herd 175 °C/
Umluft 160 °C/Gas Stufe 2

Tip

Statt Backpulver können Sie auch 2 Msp. Hirschhornsalz als Triebmittel verwenden. Sie bekommen es in der Apotheke.

Schön zum Verschenken

Für etwa 30 Stück

250 g Mehl
200 g Biskuitbrösel (siehe Tip)
100 g gemahlene Haselnüsse
200 g Zucker
Salz
200 g Butter
2 Eier
1 Eigelb

Außerdem

etwa 100 g Johannisbeergelee
Mehl zum Ausrollen
Puderzucker zum Bestäuben

Arbeitszeit: 45 Minuten
Ruhezeit: 2 Stunden
Backzeit: 20 Minuten
E-Herd 180 °C/
Umluft 160 °C/Gas Stufe 2–3

Tip

Biskuitbrösel können Sie aus altbackenen Biskuitböden oder aus Löffelbiskuits herstellen. Einfach in der Küchenmaschine zerreiben.

Linzer Schnitten

1 Das Mehl mit Biskuitbröseln, Nüssen, Zucker und 1 Prise Salz vermischen. Die Butter in Stücke schneiden und schnell mit der Mehlmischung, den Eiern und dem Eigelb verkneten. Den Teig halbieren, in Folie wickeln und 2 Stunden kühlen.

2 Beide Teigstücke auf bemehlter Fläche knapp 5 mm dick zu Rechtecken ausrollen. Eine Teigplatte auf ein mit Backpapier belegtes Blech ziehen. Das Gelee erhitzen und drei Viertel davon auf die Teigplatte streichen.

3 Den Ofen auf 180 Grad vorheizen. Die andere Teigplatte mit dem gewellten Teigrad in 5 mm breite Streifen schneiden und diese diagonal und kreuzweise auf die mit Gelee bestrichene Platte legen. Das übrige Gelee auf die Zwischenräume verteilen und die Platte im heißen Ofen (Mitte) etwa 20 Minuten backen. Über Nacht auskühlen lassen, in Stücke schneiden und mit Puderzucker bestäuben. Die Schnitten luftdicht verpackt 1 Woche reifen lassen – dann schmecken sie so richtig gut.

Na, so was!

Außer Wien mit seinen Vanillekipferln und der Sachertorte hat es nur noch Linz geschafft, in die oberste Riege der österreichischen Mehlspeisenküche vorzustoßen. Der Linzer Teig – mürbe mit Nuß, oft auch Bröseln und so wenig Mehl wie möglich darin – ist Grundlage für die berühmte, mit Gelee gefüllte Linzer Torte. Aber auch wunderbare Plätzchen lassen sich daraus machen.

Friesenkekse

Preiswert

Für etwa 30 Stück

250 g Mehl
60 g gemahlene Mandeln
100 g Zucker
4 hartgekochte Eigelb
2 frische Eigelb
125 g kalte Butter
etwa 100 g Pflaumenmus

Außerdem

Mehl zum Ausrollen
Puderzucker zum Bestreuen

Arbeitszeit: 45 Minuten
Ruhezeit: 1 Stunde
Backzeit: 10–15 Minuten
E-Herd 175 °C/
Umluft 160 °C/Gas Stufe 2

1 Das Mehl mit den Mandeln und dem Zucker vermischen. Die gekochten Eigelbe durch ein Sieb streichen und mit den frischen Eigelben glattrühren. Die Butter in kleine Würfel schneiden.

2 Die Mehlmischung auf die Arbeitsfläche geben, die Butter darüber verteilen, beides mit dem Messer zu einem krümeligen Teig verhacken. Dann die Eigelbe schnell darunterkneten. Den Teig in Folie gewickelt 1 Stunde kühlen.

3 Den Ofen auf 175 Grad vorheizen. Den Teig auf bemehlter Fläche dünn ausrollen und runde Kekse ausstechen (Ø 4–5 cm). Die Hälfte der Kekse in der Mitte nochmals ausstechen (Ø 2–3 cm). Übrigen Teig verkneten, erneut ausrollen und ebenso ausstechen.

4 Die Kekse auf ein mit Backpapier belegtes Blech setzen, im Ofen (Mitte) 10–15 Minuten backen und auf einem Gitter abkühlen lassen. Dann die ganzen Plätzchen mit Pflaumenmus bestreichen, die Ringe daraufsetzen und die Vertiefungen mit Pflaumenmus füllen. Die Plätzchen mit Puderzucker bestreuen und über Nacht auskühlen lassen. Nach 1 Woche schmecken sie erst richtig gut.

Ochsenaugen

1 Die Zitrone heiß abwaschen und abtrocknen, die Schale abreiben. Die Butter mit dem Zucker und dem Vanillezucker schaumig rühren, dabei nach und nach die Eigelbe zugeben. Mandeln, Mehl und Zitronenschale mischen und schnell mit der Buttermasse verkneten. Den Teig 2 Stunden kühlen.

2 Den Ofen auf 200 Grad vorheizen. Den Teig nochmals verkneten und daraus auf bemehlter Fläche 3 cm dicke Rollen formen. Diese in 1 cm dicke Scheiben schneiden und daraus mit bemehlten Händen Kugeln formen. Mit dem Daumen jeweils eine Mulde hineindrücken.

3 Die Kugeln auf gebutterte Bleche setzen und im heißen Ofen (Mitte) 12–15 Minuten backen. Das Gelee glattrühren, in die noch warmen Plätzchen füllen und diese mit Puderzucker überstäuben. 1 Tag lang antrocknen lassen und dann luftdicht verpackt noch 2 Tage reifen lassen.

Klassiker

Für 30–40 Stück

- ½ unbehandelte Zitrone
- 150 weiche Butter
- 120 g Zucker
- 2 Päckchen Vanillezucker
- 2 Eigelb
- 120 g gemahlene Mandeln
- 200 g Mehl

Außerdem

- 80 g Johannisbeergelee
- Mehl zum Formen
- Butter für die Backbleche
- Puderzucker zum Bestäuben

Arbeitszeit: 45 Minuten
Ruhezeit: 2 Stunden
Backzeit: 12–15 Minuten
E-Herd 200 °C/
Umluft 180 °C/Gas Stufe 3

Das lieben Kinder

Für etwa 40 Stück

80 g weiche Butter
130 g Zucker
1 Päckchen Vanillezucker
1 Ei
2 EL Schlagsahne
250 g Mehl
130 g Speisestärke
1 Päckchen Backpulver

Außerdem

Mehl zum Ausrollen
Butter für das Backblech
Ausstecher
Zitronenreibe

Arbeitszeit: 30 Minuten
Ruhezeit: 1 Stunde
Backzeit: 10–12 Minuten
E-Herd 180 °C/
Umluft 160 °C/Gas Stufe 2-3

Albertle

1 Die Butter schaumig rühren, dann nach und nach Zucker, Vanillezucker, Ei und Sahne zugeben und weiterrühren, bis der Zucker fast gelöst ist.

2 Das Mehl mit Speisestärke und Backpulver vermischen, zur Hälfte unter die Buttermasse kneten und den Rest mit dem Rührlöffel schnell daruntermengen. Den Teig in Folie wickeln und 1 Stunde kühlen.

3 Den Ofen auf 180 Grad vorheizen. Dann den Teig auf bemehlter Fläche dünn ausrollen und nach Wunsch ausstechen. Übrigen Teig verkneten, erneut ausrollen und ausstechen. Mit einer Zitronenreibe Muster in die Plätzchen drücken.

4 Die Albertle auf ein gebuttertes Blech setzen und im heißen Ofen (Mitte) 10–12 Minuten backen. Auf einem Gitter über Nacht auskühlen lassen.

Variante

Der Teig dieses traditionellen Gebäcks ist auch eine ideale Grundlage für schön kitschig-bunte Kids cookies nach amerikanischer Art (Bild). Dazu den Teig wie oben beschrieben zubereiten, ausrollen und originell ausstechen oder zuschneiden, aber nicht »mustern«. Die Cookies dann wie oben angegeben backen und nach dem Auskühlen mit Puderzuckerglasur in allen Farben, Kuvertüre und buntem Zuckerwerk verzieren. Für die Glasur 1 Eiweiß mit 250 g Puderzucker und 1 Spritzer Zitronensaft 10 Minuten aufschlagen, mit 2 EL geschmolzenem, lauwarmem Kokosfett verrühren und nach Belieben färben.

Bild: Albertle; Kids cookies

Ingwerhütchen

Originell
Für 60-80 Stück

Für den Teig

250 g Mehl
100 g gemahlene Mandeln
100 g Puderzucker
40 g reines Kakaopulver
2 TL Backpulver
3 Eigelb
200 g kalte Butter

Für Füllung und Verzierung

100 g Ingwerpflaumen in Sirup
350 g weiße Kuvertüre
50 g Schlagsahne
2 EL Ingwersirup
50 g Butter

Arbeitszeit: 1 1/2 Stunden
Ruhezeit: 1 Stunde
Backzeit: 18–20 Minuten
E-Herd 175 °C/
Umluft 160 °C/Gas Stufe 2

1 Für den Teig Mehl, Mandeln, Puderzucker, Kakao und Backpulver miteinander vermischen, auf die Arbeitsfläche geben und ein Mulde formen. Die Eigelbe hineingeben. Die Butter in Stücke schneiden und darüber verteilen. Alles mit einem Messer krümelig verhacken, schnell verkneten und zu etwa 3 cm dicken Rollen formen. Mit Folie abdecken und 1 Stunde in den Kühlschrank geben.

2 Den Ofen auf 175 Grad vorheizen. Den Teig in 1 cm dicke Scheiben schneiden, zu Kugeln formen und auf mit Backpapier belegte Bleche setzen. Mit dem Kochlöffelstiel 1 cm große Vertiefungen hineinstechen. Die Hütchen 18–20 Minuten im heißen Ofen (Mitte) backen und auf Gittern auskühlen lassen.

3 Inzwischen für die Füllung den Ingwer bis auf 10 g fein hacken, restlichen Ingwer für die Verzierung in feine Streifen schneiden. Weiße Kuvertüre hacken, 150 g beiseite legen. Die Sahne mit gehacktem Ingwer und Sirup erhitzen und die übrige Kuvertüre darin sanft schmelzen lassen. Abkühlen lassen, bis es fest zu werden beginnt.

4 Die Butter zugeben und die Creme mit dem Handrührgerät schaumig rühren. In einen Spritzbeutel mit Lochtülle (Ø 5 mm) füllen und in die Schokoladenhütchen spritzen. Alles 2 Stunden in den Kühlschrank stellen.

5 Die übrige Kuvertüre im Wasserbad schmelzen, etwas abkühlen lassen und jeweils 1 TL voll über die gekühlten Stücke gießen, so daß ein Teil der Hütchen noch zu sehen ist. Sofort mit den Ingwerstreifen garnieren und gut gekühlt luftdicht aufbewahren – die Hütchen bleiben etwa 2 Wochen lang frisch.

Schoko-Toffees

1 Für den Teig die Butter schmelzen. Die Schokolade hacken, zur Butter geben und darin sanft schmelzen lassen. Die Eier mit braunem Zucker, Vanillezucker, Honig und 1 Prise Salz verrühren. Mehl, Nüsse, Kakao und Backpulver mischen, unter die Eimasse mengen und die flüssige Schoko-Butter darunterziehen.

2 Den Ofen auf 160 Grad vorheizen. Ein Backblech mit Backpapier belegen und den Teig darauf verstreichen. Im heißen Ofen (Mitte) 25–30 Minuten backen. Die Teigplatte 10 Minuten ausdampfen lassen, dann auf ein Gitter ziehen und das Papier behutsam lösen. Völlig abkühlen lassen.

3 Für die Verzierung den Puderzucker mit 1 EL Wasser vermischen und leicht karamelisieren lassen. Mit 6 EL Wasser ablöschen, aufkochen und etwas abkühlen lassen. Die Butter und den Honig einrühren. Die weiße Kuvertüre hacken und darin schmelzen lassen.

4 Die Teigplatte mit der Glasur bestreichen und mit einer Gabel Muster darauf ziehen. Die Vollmilch-Kuvertüre schmelzen, in eine Papierspritztüte (siehe Seite 19) füllen und die Glasur damit überspritzen. Am Schluß alles in 3–4 cm große Quadrate schneiden.

Das lieben Kinder

Für 80–90 Stück

160 g Butter
200 g Vollmilch-Schokolade
200 g Zartbitter-Schokolade
4 Eier
300 g brauner Zucker
1 Päckchen Vanillezucker
4 EL Honig
Salz
150 g Mehl
50 g gemahlene Haselnüsse
2 EL reines Kakaopulver
1 TL Backpulver

Außerdem

100 g Puderzucker
20 g Butter
1 EL Honig
200 g weiße Kuvertüre
50 g Vollmilch-Kuvertüre

Arbeitszeit: 30 Minuten
Backzeit: 25–30 Minuten
E-Herd 160 °C/
Umluft 150 °C/Gas Stufe 1-2

Fein zum Kaffee

Für 12 Stück

Christmas-Muffins

100 g Sultaninen
50 ml Weinbrand (ersatzweise Apfelsaft)
125 g Butter
100 g Orangeat
400 g Mehl
1 EL Backpulver
140 g brauner Zucker
1 TL gemahlener Ingwer
1 TL gemahlener Zimt
1/2 TL gemahlener Koriander
80 g Pistazienkerne
1/4 l Milch
2 Eier

Außerdem

Butter für die Form
Puderzucker zum Bestäuben

Arbeitszeit: 30–40 Minuten
Backzeit: 15–20 Minuten
E-Herd 210 °C/
Umluft 190 °C/Gas Stufe 3–4

Hier treffen sich Plumpudding und Muffins – ein weihnachtliches »Shake-hands« zwischen England und der Neuen Welt. Sie brauchen dazu ein beschichtetes Muffinblech, das es inzwischen in vielen Haushaltswarenläden gibt. Zur Not geht's aber auch mit kleinen Kaffeetassen.

1 Die Sultaninen abspülen, gut abtropfen lassen, mit dem Weinbrand vermischen und 30 Minuten ziehen lassen. Die Butter schmelzen und abkühlen lassen. Das Orangeat fein hacken.

2 Mehl, Backpulver, Zucker und Gewürze miteinander vermischen. Die Sultaninen gut abtropfen lassen und mit den Pistazien und dem Orangeat zur Mehlmischung geben. Flüssige Butter, Milch, Eier und eventuell übrigen Weinbrand verquirlen. Das Mehlgemisch mit dem Kochlöffel daruntermengen, bis sich die Zutaten gerade eben verbunden haben – der Teig darf ruhig noch etwas klumpig sein.

3 Den Ofen auf 210 Grad vorheizen. Eine Muffinform buttern und die Vertiefungen zu gut drei Vierteln mit dem Teig füllen. Die Muffins im heißen Ofen (Mitte) 15–20 Minuten backen, bis sie schön aufgegangen sind. Zum Testen ein Holzspießchen hineinstecken – bleibt Teig hängen, müssen die Muffins noch etwas backen.

4 Die Muffins aus der Form lösen, mit Puderzucker bestäuben und etwas auskühlen lassen. Frisch schmecken sie am besten.

Kleine Silvesterkrapfen

1 Das Mehl in eine Schüssel geben und eine Mulde darin formen. Die Hefe hineinbröckeln, mit der lauwarmen Milch und dem Zucker verrühren, bis sich die Hefe gelöst hat. Dann alles mit den Eigelben glatt verkneten, zum Schluß die weiche Butter unter den Teig kneten.

2 Den Teig nochmals mit den Händen kräftig durchkneten und zugedeckt an einem warmen Ort 10 Minuten gehen lassen. Dann erneut durchkneten und nochmals 10 Minuten gehen lassen. Den Teig ausrollen und Plätzchen ausstechen (Ø 5 cm). Diese auf Backpapier setzen und nochmals 10 Minuten gehen lassen.

3 Das Fritierfett auf 180 Grad erhitzen (siehe Tip) und so viele Plätzchen hineinsetzen, daß die Oberfläche gerade bedeckt ist. Einen Deckel aufsetzen und die Krapfen in etwa 1 Minute auf einer Seite goldbraun fritieren, dann wenden und ohne Deckel fertig backen.

4 Die Krapfen herausheben, auf Küchenpapier kurz abfetten lassen und noch warm im Zucker wälzen. Das Fett wieder auf 180 Grad erhitzen und die übrigen Krapfen auf die gleiche Weise backen. Abkühlen lassen und möglichst frisch servieren.

Variante

Sie können die Krapfen auch füllen, indem Sie mit einer Gebäckspritze in die warmen Stücke Apfelmus, Hagebuttenmark oder erhitzte und durch ein Sieb gestrichene Konfitüre spritzen.

Preiswert

Für etwa 30 Stück

- 200 g Mehl
- 1/2 Würfel Hefe (21 g)
- 5 EL lauwarme Milch
- 2 EL Zucker
- 2 Eigelb
- 2 EL weiche Butter

Außerdem

- 1 kg Fritierfett
- Zucker zum Wälzen

Arbeitszeit: 1 Stunde
Ruhezeit: insgesamt 30 Minuten
Garzeit: insgesamt etwa 10 Minuten

Tip

Wenn Sie einen Holzlöffelstiel ins Fett halten und sofort kleine Bläschen aufsteigen, ist es heiß genug zum Fritieren. Beginnt es zu rauchen, ist es zu heiß und droht zu verbrennen. Ein Stück frisches Fett reduziert dann die Temperatur sofort.

Nach gutem Brauch

Draußen ist es klirrend kalt und mäuschenstill, drinnen wird gemeinsam in der warmen Küche geknetet und geformt. Und zur Belohnung gibt's Gebäck, das so richtig nach Christkindlmarkt und adventlichem Kaffeeklatsch schmeckt.

In diesem Kapitel finden Sie Gebäck mit reicher Tradition, das besonders in der Vorweihnachtszeit gerne gegessen wird. Das sind vor allem Klassiker mit richtig viel Geschmack wie Aachener Printen oder St. Galler Biberle.

Klassiker

Für etwa 40 Stück

150 g Honig
150 g Rübensirup
70 g Schweineschmalz
1 EL Orangeat
1 TL Anissamen
400 g Mehl
1 TL gemahlener Zimt
2 TL Lebkuchengewürz
1 TL Pottasche (aus der Apotheke)
2 EL Rum
120 g gestoßener brauner Kandis
Mehl zum Ausrollen
80 g Mandelstifte

Arbeitszeit: 45 Minuten
Ruhezeit: über Nacht
Backzeit: 15–18 Minuten
E-Herd 175 °C/
Umluft 160 °C/Gas Stufe 2

Tip

Nehmen Sie die Printen lieber zu früh als zu spät aus dem Ofen – sie sollten kaum Farbe genommen haben und noch recht weich sein. Beim Abkühlen härten sie dann von selbst. Wenn Sie sie nach dem Reifen für ein paar Stunden an die Luft legen, werden sie wieder weich. Oder Sie tunken die harten Printen in heißen Glühwein – das ist Advent pur!

Aachener Gewürzprinten

1 Honig, Sirup und Schmalz erwärmen, bis alles geschmolzen ist. Etwas abkühlen lassen. Inzwischen das Orangeat fein hacken und den Anis mit dem Teigroller kleinern. Beides mit dem Mehl und den Gewürzen gut vermengen. Pottasche mit dem Rum verrühren.

2 50 g zerstoßenen braunen Kandis mit der warmen Honigmasse vermengen und alles mit dem Rührgerät in 5 Minuten zu einem Teig verkneten. Falls nötig, 1–2 EL Wasser zugeben. Den Teig zugedeckt über Nacht bei Zimmertemperatur ruhen lassen.

3 Den Ofen auf 175 Grad vorheizen. Die Arbeitsfläche leicht mit Mehl bestäuben und mit der Hälfte Mandeln und der Hälfte des übrigen Kandis bestreuen. Den Teig 5 mm dick ausrollen. Mit den restlichen Mandeln und übrigem Kandis bestreuen und dies mit dem Teigroller leicht andrücken. In 3 x 5 cm große Rechtecke schneiden.

4 Die Printen auf mit Backpapier belegte Bleche setzen und 15–18 Minuten backen (siehe Tip). Die Printen 2 Tage lang stehen lassen und dann in Blechdosen mindestens 1 Woche reifen lassen.

Na, so was!

Einst buk man in Aachen Printenfiguren aus einem sehr hellen, festen Teig. Man ließ ihn über Monate reifen, bis er steinhart war und extra mit speziellen Schaufeln wieder zerteilt werde mußte. Als in späteren Zeiten Rübenzucker statt Rohrzuckersirup in den Teig kam, verlor der Teig beim Backen die Form – und die Printe wurde so schmucklos, wie sie es heute ist.

Bild Seite 42/43

St. Galler Biberle

1 Honig und Sirup mit der Butter und dem Zucker erhitzen, bis sich dieser gelöst hat, und abkühlen lassen. Mehl, Backpulver und Lebkuchengewürz vermischen und mit der abgekühlten Honigmischung verkneten. Den Teig in Folie wickeln und 1 Stunde kühlen.

2 Das Marzipan mit dem Puderzucker glatt verkneten und zu einer 1 cm dicken Rolle formen. Den Teig auf bemehlter Fläche dünn ausrollen und in 6 cm breite Streifen schneiden. Die Marzipanrolle entsprechend teilen und in die Mitte jedes Teigstreifens ein Stück Rolle legen.

3 Den Ofen auf 175 Grad vorheizen. Die Teigränder mit verquirltem Eiweiß bestreichen und den Teig über das Marzipan schlagen. Die Ränder mit einer Gabel dekorativ festdrücken. Die Stücke in Dreiecke teilen, auf mit Backpapier belegte Bleche geben und im Ofen (Mitte) 12–14 Minuten backen. Auf Gittern über Nacht auskühlen lassen.

Orginell

Für etwa 60 Stück

- 100 g Honig
- 100 g Rübensirup
- 50 g Butter
- 100 g Zucker
- 350 g Mehl
- 1 TL Backpulver
- 2 TL Lebkuchengewürz
- 200 Marzipan-Rohmasse
- 100 g Puderzucker
- Mehl zum Ausrollen
- 1 Eiweiß

Arbeitszeit: 1 Stunde
Ruhezeit: 1 Stunde
Backzeit: 12–14 Minuten
E-Herd 175 °C/
Umluft 160 °C/Gas Stufe 2

Bild Seite 42/43

Das lieben Kinder

Für 6–12 Stück

Für den Teig

- 200 g Honig
- 100 g brauner Zucker
- 100 g Margarine
- 3 TL Lebkuchengewürz
- 1/2 TL Pottasche (aus der Apotheke)
- 300 g Weizenmehl
- 100 g Roggenmehl
- 1 Ei

Für die Verzierung

- 1 Eiweiß
- 200 g Puderzucker
- nach Belieben Speisefarben, buntes Zuckerzeug

Arbeitszeit: 1 1/4 Stunden
Ruhezeit: 4 Tage
Backzeit: 12–15 Minuten
E-Herd 200 °C/
Umluft 180 °C/Gas Stufe 3

Honigkuchen

1 Für den Teig den Honig mit dem Zucker, der Margarine und dem Lebkuchengewürz erhitzen, bis sich der Zukker ganz aufgelöst hat, abkühlen lassen. Die Pottasche mit 2 EL Wasser glattrühren, samt Mehl und Ei gründlich unter die Honiglösung kneten. Den Teig in Folie wickeln und 2 Tage lang im Kühlschrank ruhen lassen.

2 Den Ofen auf 200 Grad vorheizen. Den Teig nochmals durchkneten und auf leicht bemehlter Fläche 5 mm dick ausrollen. Daraus Figuren schneiden (Sterne, Tiere, Engel, Herzen, Nikoläuse u. a.) und auf mit Backpapier belegte Bleche legen. Im heißen Ofen (Mitte) 12–15 Minuten backen, die Plätzchen sollten noch etwas weich sein. Die Honigkuchen auf Kuchengitter ziehen und 1 Tag lang offen ruhen lassen.

3 Für die Verzierung das Eiweiß mit dem Puderzucker 15 Minuten schaumig schlagen, nach Wunsch teilen und färben. Die Glasur mit einer Papierspritztüte (siehe Seite 19) dekorativ auf die Honigkuchen spritzen, mit Zuckerwerk verzieren und 1 Tag lang trocknen lassen. Die Honigkuchen 1–2 Wochen luftdicht verpackt reifen lassen, damit sie richtig gut schmecken.

Na, so was!

Honig- bzw. Lebkuchen zählen zu den ältesten Brauchtumsgebäcken, die mit vielen Legenden und Aberglauben angereichert wurden. So streichelten einst Bäuerinnen mit Lebkuchenteig an den Händen ihre Obstbäume für eine gute Ernte, Paare genossen das Gebäck an Weihnachten als Zeichen der Verbundenheit, und es galt als Medizin gegen Fieber, Durchfall, Magenkrämpfe oder Rückenschmerzen.

Pflastersteinchen

Preiswert

Für 50–60 Stück

- 100 g Rübensirup
- 250 g brauner Zucker
- 70 g Butter
- 250 g Biskuitbrösel (siehe Tip Seite 32)
- 120 g Semmelbrösel
- 250 g Mehl
- 1 TL gemahlener Zimt
- 1/2 TL gemahlene Nelken
- 2 TL Pottasche (aus der Apotheke)
- 100 ml Kaffee
- 1 Ei
- 1 Eigelb

Außerdem

- Butter und Mehl für das Backblech
- 200 g Puderzucker
- 1 EL Kakaopulver
- 1 TL Instant-Kaffeepulver

Arbeitszeit: 45 Minuten
Backzeit: 20–25 Minuten
E-Herd 200 °C/
Umluft 180 °C/Gas Stufe 3

1 Den Sirup mit dem Zucker und der Butter erhitzen, bis der Zucker sich gelöst hat. Etwas abkühlen lassen. Brösel, Mehl und Gewürze miteinander vermischen. Die Pottasche mit dem Kaffee verrühren und dies mit der lauwarmen Sirupmischung, Ei und Eigelb glattrühren. Die Bröselmischung damit verkneten.

2 Den Ofen auf 200 Grad vorheizen. Auf bemehlter Fläche aus der Masse daumendicke Rollen formen und diese im Abstand von 4 cm auf gebutterte und bemehlte Bleche setzen. Im heißen Ofen (Mitte) 20–25 Minuten backen, so daß sie noch etwas weich sind. Die Stangen schräg in 2 cm dicke Stücke schneiden und auf Gittern über Nacht auskühlen lassen.

3 Für die Glasur den Puderzucker mit Kakao- und Kaffeepulver mischen und mit 2–3 EL Wasser glattrühren. Die Pflastersteinchen hineintauchen, abtropfen lassen und auf Gitter setzen. Sobald die Glasur fest zu werden beginnt, die Plätzchen auf Backpapier setzen und über Nacht trocknen lassen. Luftdicht verpackt 1 Woche reifen lassen.

Pfeffernüsse

1 Den Honig mit dem Zucker erhitzen, bis sich diese gelöst hat, und abkühlen lassen. Lauwarm mit Schmalz und Ei verrühren. Das Mehl mit den Gewürzen und dem Backpulver mischen und mit der Honigmasse gründlich verkneten. Den Teig zugedeckt bei Zimmertemperatur 2 Tage ruhen lassen.

2 Den Ofen auf 160 Grad vorheizen. Den Teig auf bemehlter Fläche zu 2 cm dicken Rollen formen, davon 3–4 cm breite Stücke abschneiden und zu Kugeln formen. Diese auf mit Backpapier belegte Bleche setzen und im heißen Ofen (Mitte) etwa 20 Minuten backen.

3 Inzwischen das Eiweiß mit dem Puderzucker in 10 Minuten steif schlagen. Das Kokosfett schmelzen und lauwarm mit dem Eischnee verrühren. Soviel Zitronensaft zur Glasur geben, daß sie noch dickflüssig ist. Die noch heißen Pfeffernüsse direkt nach dem Backen mit der Glasur bepinseln und 1–2 Tage lang auf Gittern trocknen lassen. 1 Woche luftdicht verpackt reifen lassen.

Na, so was!

Traditionell steckt tatsächlich ein wenig Schärfe in den Pfeffernüssen. Doch im Mittelalter stand Pfeffer auch für alle anderen exotischen Weihnachtsgewürze wie Ingwer, Kardamom, Koriander, Nelken oder Zimt – weswegen die würzigen, aber milden Lebkuchen auch Pfefferkuchen genannt wurden.

Klassiker

Für 50–60 Stück

- 250 g Waldhonig
- 170 g Zucker
- 100 g Schweineschmalz
- 1 Ei
- 300 g Roggenmehl
- 200 g Weizenmehl
- 1 TL Lebkuchengewürz
- 2 Msp. gemahlener Pfeffer
- 1 ½ Päckchen Backpulver

Außerdem

- 1 Eiweiß
- 250 g Puderzucker
- 2 EL Kokosfett
- 1–2 TL Zitronensaft
- Mehl zum Ausrollen

Arbeitszeit: 30 Minuten
Ruhezeit: 2 Tage
Backzeit: 20 Minuten
E-Herd 160 °C/
Umluft 150 °C/Gas Stufe 1–2

Oberpfälzer Gewürzschnitten

Geht ganz leicht
Für etwa 30 Stück

- 250 g weiche Butter
- 250 g Zucker
- 2 Eier
- 1/2 TL Fenchelsamen
- 1 TL gemahlener Zimt
- 1/2 TL gemahlene Nelken
- 1/2 TL gemahlene Muskatnuß
- 1/2 TL gemahlener Ingwer
- 2 Msp. gemahlener Pfeffer
- 1 EL reines Kakaopulver
- 1/2 Päckchen Backpulver
- 500 g Mehl

Außerdem

- 1 Eiweiß
- 250 g Puderzucker
- 1 EL Zitronensaft
- 2 TL Fenchelsamen

Arbeitszeit: 40 Minuten
Backzeit: 20 Minuten
E-Herd 175 °C/
Umluft 160 °C/Gas Stufe 2

1 Den Ofen auf 175 Grad vorheizen. Die Butter schaumig rühren, dann abwechselnd nach und nach Zucker und Eier darunterrühren. Den Fenchel hacken und mit den übrigen Gewürzen, Kakao und Backpulver unter das Mehl mischen.

2 Die Mehlmischung zur Hälfte unter die Buttermasse mengen, den Rest mit einem Rührlöffel unterrühren. Den Teig glatt auf ein mit Backpapier belegtes Blech streichen und im Ofen (Mitte) etwa 20 Minuten backen.

3 Inzwischen das Eiweiß mit dem Puderzucker 10 Minuten lang aufschlagen und so viel Zitronensaft zugeben, daß eine streichbare Glasur entsteht. Diese auf die fertig gebackene und noch warme Teigplatte streichen und mit dem Fenchel bestreuen.

4 Sobald die Glasur fest zu werden beginnt, die Teigplatte schräg in Rauten schneiden und völlig auskühlen lassen.

Geht ganz leicht
Für 20–25 Stück

380 g Mehl
100 g Puderzucker
Salz
200 g kalte Butter
Zucker zum Bestreuen

Arbeitszeit: 30–40 Minuten
Ruhezeit: 1 Stunde
Backzeit: etwa 20 Minuten
E-Herd 200 °C/
Umluft 180 °C/Gas Stufe 3

Shortbread

1 Mehl, Puderzucker und 1 Prise Salz miteinander vermischen und auf die Arbeitsfläche sieben. Eine Mulde formen, 2–3 EL kaltes Wasser hineingeben. Die Butter in Stücke schneiden und auf der Mehlmischung verteilen. Mit einem Messer den Teig krümelig hacken und dann schnell verkneten. In Folie wickeln und 1 Stunde kühlen.

2 Den Ofen auf 200 Grad vorheizen. Den Teig auf einem mit Backpapier belegten Blech 2 cm dick ausrollen und mit der Gabel mehrmals einstechen. Etwas Zucker darüberstreuen.

3 Die Teigplatte im heißen Ofen (Mitte) in etwa 20 Minuten nicht zu dunkel backen, anschließend sofort vom Blech ziehen und in 5 cm lange und 1–2 cm breite Stangen schneiden. Auf einem Gitter über Nacht auskühlen lassen und luftdicht aufbewahrt 3 Tage reifen lassen.

Variante
Sie können das in England traditionell zum Tee servierte Shortbread noch mit Marzipan verfeinern. Dazu mischen Sie 300 g Mehl, 100 g Zucker und 1 Prise Salz, hacken dies wie oben beschrieben mit 100 g Marzipan-Rohmasse sowie 200 g kalter Butter (jeweils in Stücken) krümelig und verkneten alles. Dann weiterverarbeiten wie oben beschrieben, dabei jedoch bei nur 175 Grad 25–30 Minuten backen.

Walisische Butterplätzchen

1 Die Zitrone heiß waschen, abtrocknen und die Schale dünn abreiben. Mit dem Mehl und 1 Prise Salz vermischen. Die Butter in Stücke schneiden und rasch mit der Mehlmischung und dem Sirup zu einem glatten Teig verkneten.

2 Die Mandeln auf die Arbeitsfläche streuen und darauf aus dem Teig 2–3 dicke Rollen formen. Diese mit Folie zugedeckt über Nacht durchkühlen.

3 Am nächsten Tag den Ofen auf 175 Grad vorheizen. Die Rollen in 5 mm dicke Scheiben schneiden, auf mit Backpapier belegte Bleche setzen und mit dem Daumen in der Mitte leicht eindrücken. Im heißen Ofen (Mitte) in 18–20 Minuten nicht zu dunkel backen.

4 Die Plätzchen sofort vom Blech ziehen, etwas abkühlen lassen und noch warm im braunen Zucker wälzen. Auf Gitter setzen und über Nacht auskühlen lassen.

Das lieben Kinder

Für 50–60 Stück

½ unbehandelte Zitrone
200 g Mehl
Salz
150 g kalte Butter
100 g Zuckerrohrsirup (siehe Tip)

Außerdem

70 g gemahlene Mandeln
brauner Zucker zum Wälzen

Arbeitszeit: 30 Minuten
Ruhezeit: über Nacht
Backzeit: 18–20 Minuten
E-Herd 175 °C/
Umluft 160 °C/Gas Stufe 2

Tip

Vielleicht kennen Sie den Geschmack des in England sehr beliebten Zuckerrohrsirups ja auch – damit sind nämlich die »süßen Muscheln« gefüllt, die es früher bei uns noch öfter zum »Auslutschen« gab. Englischen Zuckerrohrsirup bekommen Sie im Feinkosthandel meist unter dem Namen »Golden Syrup«. Ein Ersatz ist dickflüssiger Ahornsirup oder klarer Honig.

Fein zum Kaffee

Für 40–50 Stück

1 unbehandelte Zitrone
50 g eingelegte Ingwerpflaumen
400 g kalte Butter
500 g Mehl
250 g Zucker
Salz
2 TL gemahlener Ingwer

Außerdem

Mehl zum Ausrollen
Puderzucker zum Bestreuen

Arbeitszeit: 30–40 Minuten
Backzeit: 20–25 Minuten
E-Herd 225 °C/
Umluft 200 °C/Gas Stufe 4

Schottisches Gingerbread

1 Die Zitrone heiß abwaschen, abtrocknen und die Schale dünn abreiben. Den Ingwer hacken. Die Butter in Stücke schneiden.

2 Mehl, Zucker, 1 Prise Salz, Zitronenschale sowie gemahlenen und eingelegten Ingwer mischen und rasch mit der Butter zu einem glatten Teig verkneten. Den Teig halbieren.

3 Den Ofen auf 225 Grad vorheizen. Ein Blech mit Backpapier belegen, eine Teighälfte darauf verteilen und festdrücken, dabei mit dem bemehlten Teigroller nochmals glätten. Den übrigen Teig mit bemehlten Händen zu nicht zu feinen Streuseln reiben, auf die Teigplatte streuen und leicht andrücken.

4 Das Gebäck im heißen Ofen (Mitte) 20–25 Minuten backen, vom Blech ziehen und etwas auskühlen lassen. Dann noch warm in 5–6 cm große Quadrate teilen und über Nacht auf Gittern auskühlen lassen. Nach Wunsch die Plätzchen mit Puderzucker bestreuen.

Originell
Für 60–70 Stück

320 g Süßkartoffeln
Salz
1 unbehandelte Orange
40 g Orangeat
60 g ungesalzene Erdnüsse
250 g Mehl
4 TL Backpulver
1/2 TL gemahlene Muskatnuß
1/2 TL gemahlener Zimt
125 g weiche Butter
250 g Rohrzucker oder brauner Zucker
2 Eier
70 g Kokosflocken
Butter für das Backblech

Arbeitszeit: 1 Stunde
Backzeit: 12–15 Minuten
E-Herd 200 °C/
Umluft 180 °C/Gas Stufe 3

Sweet Potatoes

Ein ungewöhnliches Rezept aus Amerika mit karibischem Einschlag, das nach Süßkartoffeln verlangt. Die gibt es jetzt öfters in gut sortierten Supermärkten. Bekommen Sie keine, können Sie auch mehlige Kartoffelsorten (z.B. Aula oder Irmgard) verwenden.

1 Die Kartoffeln schälen, je nach Größe vierteln oder achteln und in Salzwasser garen. Dann das Wasser abgießen und die Kartoffeln 1 Minute auf dem Herd ausdampfen lassen. Die Stücke durchpressen oder fein stampfen und das Püree abkühlen lassen.

2 Inzwischen die Orange heiß abwaschen, abtrocknen und die Schale dünn abreiben. Orangeat und Erdnüsse hacken und alles mit Mehl, Backpulver und Gewürzen vermischen. Die Butter mit dem Zucker schaumig rühren, dann abwechselnd Püree und Eier unterrühren. Dies schnell mit der Mehlmischung und den Kokosflocken verkneten.

3 Den Ofen auf 200 Grad vorheizen. Den Teig mit Teelöffeln im Abstand von 3–4 cm auf gebutterte Bleche setzen und im heißen Ofen 12–15 Minuten backen. Auf Gitter setzen und über Nacht auskühlen lassen.

Steirische Grammelplätzchen

1 Die Korinthen abspülen und mit dem Obstler 1 Stunde quellen lassen. Die Zitrone heiß waschen, abtrocknen und die Schale dünn abreiben.

2 Die Korinthen trockentupfen und mit den Grammeln und der Zitronenschale unter das Mehl mischen. Dies mit dem Zucker, den Gewürzen, dem Backpulver und den Fetten verkneten, dann nacheinander die Mandeln, das Ei und zum Schluß den Wein unterkneten.

3 Den Ofen auf 180 Grad vorheizen. Den Teig auf bemehlter Fläche dünn ausrollen und runde Plätzchen (Ø 3–4 cm) ausstechen. Diese auf gebutterte Bleche setzen und im heißen Ofen (Mitte) etwa 20 Minuten backen. Auf Gitter setzen und über Nacht auskühlen lassen.

Na, so was!

Grammeln heißen in Österreich die knusprigen Reste, die vom blanken Schweinespeck beim Schmalzauslassen zurückbleiben. In Deutschland werden sie »Grieben« genannt. Sie bekommen sie beim Metzger.

Geht ganz leicht

Für 30–40 Stück

- 2 EL Korinthen
- 50 ml Obstler
- 1/2 unbehandelte Zitrone
- 4 EL Grammeln (siehe Tip)
- 500 g Mehl
- 350 g brauner Zucker
- 1 TL gemahlener Zimt
- 1/2 TL gemahlene Nelken
- 1 TL Backpulver
- 90 g weiche Butter
- 90 g weiches Schweineschmalz
- 120 g gemahlene Mandeln
- 1 Ei
- 50 ml Rotwein

Außerdem

- Mehl zum Ausrollen
- Butter für die Backbleche

Arbeitszeit: 30 Minuten
Ruhezeit: 1 Stunde
Backzeit: etwa 20 Minuten
E-Herd 180 °C/
Umluft 160 °C/Gas Stufe 2–3

Gut zum Verschenken

Für 4–6 Stück

500 g Mehl
1/2 Würfel Hefe (21 g)
1 TL Zucker
1/4 l lauwarme Milch
1 TL Salz
1 Ei
1 Eigelb
80 g weiche Butter

Außerdem

Mehl zum Ausrollen
2 Eigelb zum Bestreichen
Sultaninen, Kerne und Samen zum Verzieren

Arbeitszeit: 45 Minuten
Ruhezeit: 2 1/4 Stunden
Backzeit: 20–30 Minuten
E-Herd 200 °C/
Umluft 180 °C/Gas Stufe 3

Tip

Wenn Sie zusätzlich Teigstücke an den Figuren befestigen wollen, darf kein Mehl dazwischen sein – sonst hält's nicht!

Nikolausbrote

1 Das Mehl in eine große Schüssel geben und darin eine Mulde formen. Die Hefe hineinbröckeln und mit Zucker, 100 ml lauwarmer Milch und etwas Mehl zu einem Vorteig verrühren. Diesen zugedeckt an einem warmen Ort 20 Minuten gehen lassen. Salz, Ei, Eigelb und übrige Milch unter den gegangenen Teig kneten, dann alles mit der Butter zu einem glatten Teig verkneten und so lange verschlagen, bis der Teig Blasen wirft. Den Teig wieder 20–25 Minuten zugedeckt an einem warmen Ort gehen lassen.

2 Den Teig erneut durchkneten, vierteln und auf bemehlter Fläche zu flachen ovalen Broten formen. Für Nikolausmänner die Teigteile von unten her einschneiden, so daß zwei Beine entstehen. Dann mit zwei seitlichen Schnitten die Arme formen. Am »Hals« den Teig etwas zusammendrücken. Für Tierfiguren den Teig 1–2 cm dick ausrollen und entsprechend zuschneiden. Die Figuren auf mit Backpapier belegte Bleche legen und zugedeckt 1 1/2 Stunden gehen lassen.

3 Den Ofen auf 200 Grad vorheizen. Das Eigelb verquirlen und die Figuren damit bestreichen. Nach Wunsch mit Sultaninen, Kernen und Samen verzieren und die Nikolausbrote im heißen Ofen (Mitte) je nach Größe in 20–30 Minuten goldgelb backen. Danach auf ein Gitter legen, auskühlen lassen und möglichst frisch essen.

Na, so was!

Nikolausbrote sind von Norddeutschland bis in die Schweiz ein traditionelles Nikolausgebäck – allerdings heidnischen Ursprungs. Oft sind es Figuren, die mal Dämonen, mal Heilige darstellen. Seltener sind geformte Tiere wie die »Pillente«, Hähne oder Pferde, und echte Raritäten sind weibliche Figuren wie die Klausenfrau.

Das lieben Kinder

Für 8–10 Stück

Für die Sauce

- 1 Glas Sauerkirschen (700 g)
- 1 EL Speisestärke
- ½ TL geriebene Orangenschale

Für die Waffeln

- 250 g weiche Butter
- 150 g Zucker
- 1 Päckchen Vanillezucker
- 5 Eier
- 250 g Mehl
- 1 Msp. Backpulver
- 2 TL Lebkuchengewürz
- 1 TL reines Kakaopulver
- 1 EL Milch

Außerdem

- Fett für das Waffeleisen
- Puderzucker zum Bestäuben

Arbeitszeit: 30 Minuten
Backzeit: 10–15 Minuten
E-Herd 200 °C/
Umluft 180 °C/Gas Stufe 3

Weihnachtliche Marmorwaffeln

1 Für die Sauce die Kirschen auf ein Sieb schütten und den Saft auffangen. 3 EL Saft mit der Speisestärke verrühren, den übrigen Saft mit der Orangenschale erhitzen. Die angerührte Stärke zugeben und aufkochen. Mit den Kirschen vermischen und abkühlen lassen.

2 Für die Waffeln die Butter schaumig rühren, dann nach und nach abwechselnd den Zucker sowie den Vanillezucker und die Eier darunterrühren. Das Mehl mit dem Backpulver und dem Lebkuchengewürz vermischen und schnell unter den Teig kneten.

3 Den Teig halbieren. Kakao und Milch verrühren und mit einer Teighälfte vermengen. Diese zum übrigen Teig geben und beides mit dem Kochlöffelstiel etwas ineinander verziehen.

4 Das Waffeleisen erhitzen, dünn einfetten, je 1–2 EL Teig hineingeben und die Waffeln darin nacheinander backen. Mit Puderzucker bestreuen und mit den Kirschen servieren.

Italienischer Mandelzwieback

Klassiker

Für 20–30 Stück

120 g Mandelkerne
1 Vanilleschote
3 Eiweiß
Salz
1 EL Speisestärke
1 EL Zucker
50 g Mehl
50 g gemahlene Mandeln
Butter für die Form

Arbeitszeit: 30–40 Minuten
Backzeit: insgesamt 1 Stunde
E-Herd 180 °C und 160 °C/
Umluft 160 °C und 150 °C/
Gas Stufe 2–3 und 1–2

1 1 l Wasser aufkochen, die Mandelkerne 3 Minuten darin ziehen lassen und eiskalt abschrecken. Die Kerne aus den Häutchen drücken und die Mandeln in einer trockenen Pfanne goldgelb rösten. Die Vanilleschote aufschlitzen und das Mark herauskratzen.

2 Den Ofen auf 180 Grad vorheizen. Die Eiweiße mit 1 Prise Salz, Speisestärke und Zucker steif schlagen. Mit dem Vanillemark weiterschlagen, bis der Schnee schnittfest und glänzend ist. Das Mehl sieben und zusammen mit den gemahlenen und ganzen Mandeln unter den Eischnee ziehen.

3 Die Masse in eine gebutterte Kastenform füllen, glattstreichen und im heißen Ofen (Mitte) 20–25 Minuten backen. Aus dem Ofen nehmen und in der Form erkalten lassen. Den Kuchen stürzen und in Folie über Nacht kühlen.

4 Am nächsten Tag den Ofen auf 160 Grad vorheizen. Den Kuchen in knapp 1 cm dicke Scheiben schneiden und diese auf gebutterten Blechen im heißen Ofen (Mitte) in etwa 30 Minuten goldgelb und knusprig backen. Im ausgeschalteten und geöffneten Ofen über Nacht nachtrocknen lassen und luftdicht verpackt aufbewahren.

Tip

Probieren Sie dieses Gebäck zu Espresso oder Glühwein, in den es hineingetunkt wird.

Fein zum Kaffee

Für eine Gugelhupfform, Ø ca. 24 cm

Für den Teig

500 g Mehl
1/2 Würfel Hefe (21 g)
1/4 l lauwarme Milch
60 g Zucker
2 Eigelb
80 g weiche Butter

Außerdem

150 g Marzipan-Rohmasse
250 g Puderzucker
20 g Backpflaumen
6 EL Rotwein
Mehl zum Ausrollen
Butter für die Form

Arbeitszeit: 1 Stunde
Backzeit: etwa 1 Stunde
E-Herd 180 °C/
Umluft 160 °C/ Gas Stufe 2

Tip

Etwas »geistvoller« wird der Gugelhupf, wenn Sie die Pflaumen in 1/4 l Rotwein 30 Minuten einlegen und noch 2 EL hellen Portwein oder süßen Sherry mit dem Marzipan verkneten.

Adventsgugelhupf

1 Für den Teig Mehl in eine große Schüssel geben, eine Mulde hineindrücken und die Hefe hineinbröckeln. Mit etwas lauwarmer Milch und Mehl sowie 1 EL Zucker zu einem Vorteig verkneten und zugedeckt an einem warmen Ort zu doppelter Größe aufgehen lassen.

2 Das Marzipan mit 50 g Puderzucker glatt verkneten und 20 längliche Stücke in Größe eines Pflaumenkerns daraus formen. Die Pflaumen damit füllen. Den Ofen auf 180 Grad vorheizen.

3 Den gegangenen Vorteig mit den übrigen Teigzutaten außer der Butter verkneten, dann mit dieser zu einem glatten Teig verkneten. Daraus auf bemehlter Fläche eine 6 cm dicke Rolle formen und diese in 20 Scheiben schneiden. Diese flach drücken, die Backpflaumen daraufgeben, den Teig darumschlagen und alles zu Kugeln formen. Eine Gugelhupfform gut buttern und die Teigkugeln in zwei Lagen hineinschichten; die Form sollte zu drei Vierteln gefüllt sein.

4 Den Gugelhupf sofort im heißen Ofen (unterste Schiene) 60–70 Minuten backen. Dann den Kuchen in der Form noch 5 Minuten ruhen lassen, auf ein Gitter stürzen und auskühlen lassen.

5 Für den Guß den Wein erhitzen und mit dem restlichen Puderzucker verrühren. Den Gugelhupf damit überziehen und möglichst frisch servieren.

Liegnitzer Bomben

Klassiker
Für 16 Stück

Für den Teig

- 1 unbehandelte Orange
- 50 g Orangeat
- 130 g Honig
- 120 g Zuckerrübensirup
- 50 g Butter
- 2 Eigelb
- 1 TL gemahlener Zimt
- 1/2 TL gemahlene Nelken
- 400 g Mehl
- 1 Päckchen Backpulver

Für Füllung und Überzug

- 400 g Marzipan-Rohmasse
- 100 g Puderzucker
- 2 Eiweiß
- 300 g Johannisbeergelee
- 150 g dunkle Kuchenglasur
- 150 g Halbbitter-Kuvertüre
- 50 g Orangeat

Außerdem

- Mehl zum Ausrollen
- Metall- oder Folienringe (siehe Tip)
- Butter für Ringe und Blech

Arbeitszeit: 1 1/2 Stunden
Ruhezeit: über Nacht
Backzeit: 25–30 Minuten
E-Herd 175 °C/
Umluft 160 °C/Gas Stufe 2

1 zDie Orange heiß abwaschen und abtrocknen. Die Schale dünn abreiben und den Saft auspressen. Das Orangeat fein hacken. Honig, Sirup und Butter erhitzen, bis sich alles verbunden hat, dann abkühlen lassen.

2 Die Honigmasse mit Eigelben, Gewürzen und Orangeat verrühren. Mehl und Backpulver vermischen und mit der Masse verkneten. Den Teig in Folie wickeln und über Nacht bei Zimmertemperatur ruhen lassen.

3 Für die Füllung das Marzipan mit dem Puderzucker und den Eiweißen verkneten. Ein Viertel des Teiges auf bemehlter Fläche 5 mm dick ausrollen und daraus 16 Kreise (Ø 5 cm) ausstechen. Metall- oder Folienringe buttern, auf ein gebuttertes Blech setzen und die Teigkreise hineingeben.

4 Den Ofen auf 175 Grad vorheizen. Den übrigen Teig dünn ausrollen, auf Alufolie ziehen und mit 150 g Gelee bestreichen. Darauf die Marzipanmasse verstreichen. Alles mit Hilfe der Folie aufrollen und in 16 Stücke teilen. Diese in die Ringe geben und im heißen Ofen (unterste Schiene) 25-30 Minuten backen. Über Nacht auskühlen lassen.

5 Das restliche Gelee erhitzen und die Bomben damit bestreichen. 30 Minuten antrocknen lassen. Inzwischen Kuvertüre und Glasur im Wasserbad erhitzen und temperieren (siehe Seite 19), die Bomben eintauchen und zum Abtropfen auf ein Gitter setzen. Das Orangeat hacken und darüberstreuen. Nach dem Trocknen in einer gut verschlossenen Blechdose 1 Woche reifen lassen.

Elisenlebkuchentorte

1 Puderzucker, Vanillezucker und 2 TL Sahnesteif mischen. Zitronat und Orangeat hacken. Die Eiweiße mit einem Spritzer Zitronensaft steif schlagen, dann die Zuckermischung einrieseln lassen und weiterschlagen, bis der Eischnee schnittfest und glänzend ist. 5 EL abnehmen und im Kühlschrank beiseite stellen.

2 Den Ofen auf 150 Grad vorheizen. Die Oblaten an der Schnittkante dünn mit Wasser bepinseln und auf zwei Blechen zu Kreisen zusammensetzen. Nüsse, Mandeln, Zitronat, Orangeat und Lebkuchengewürze mischen und unter den restlichen Eischnee heben. Die Masse auf den Oblaten glatt verstreichen und im heißen Ofen (Mitte) 20 Minuten backen.

3 Die beiden Böden auf Gitter ziehen. Den gekühlten Eischnee mit 1–2 TL Zitronensaft zu einer dickflüssigen Glasur verrühren und einen noch warmen Boden damit bestreichen. Sobald die Glasur fest zu werden beginnt, diesen Boden in 12 Stücke teilen. Beide Böden über Nacht völlig auskühlen lassen.

4 Die Sahne mit dem übrigen Sahnesteif anschlagen. Sobald sie fest zu werden beginnt, den Honig zugeben und die Sahne steif schlagen. 6 EL beiseite stellen. Die übrige Honigsahne auf den ungeschnittenen Boden streichen, den geschnittenen Boden daraufgeben und den Rand der Torte mit der zurückbehaltenen Sahne glatt bestreichen. Die Schokolade raspeln und den Rand der Torte damit bestreuen.

Fein zum Kaffee

Für 12 Kuchenstücke

200 g Puderzucker
1 Päckchen Vanillezucker
1 Päckchen Sahnesteif
30 g Zitronat
30 g Orangeat
3 Eiweiß
Zitronensaft
4 Obstkuchen-Oblatenhälften
100 g gemahlene Haselnüsse
50 g gemahlene Mandeln
1 TL Lebkuchengewürz
100 g Schlagsahne
4 EL Honig
100 g Zartbitter-Schokolade

Arbeitszeit: **1 1/2 Stunden**
Backzeit: **20 Minuten**
E-Herd 150 °C/
Umluft 140 °C/Gas Stufe 1

Mit Kernen und Früchten

Was wären Weihnachtsplätzchen ohne Nüsse und Kerne, ohne getrocknete oder kandierte Früchte? – Um einige genußvolle und dazu gesunde Zutaten ärmer. Welch eine Bereicherung zum Beispiel Haselnuß, Pistazienkern, Zitronat und Orangeat für die Weihnachtsbäckerei sind, schmecken Sie bei unseren Nußeckchen – ein echter Schlager. Und die Plum cookies werden erst durch die Vollendung mit saftigen Pflaumenstückchen zum wahren Hit.

Das lieben Kinder

Für etwa 80 Stück

Für den Teig

- 220 g weiche Butter
- 150 g Puderzucker
- 1 Ei
- 1 Eigelb
- 1/2 unbehandelte Zitrone
- 350 g Mehl
- 1 1/2 TL Backpulver

Für den Belag

- 3 EL Orangeat
- 3 EL Zitronat
- 70 g Haselnußkerne
- 70 g Pistazienkerne
- 200 g Honig
- 200 g Butter
- 8 EL Schlagsahne
- 370 g gemahlene Haselnüsse
- 1/2 TL gemahlener Zimt
- 2 Msp. gemahlene Nelken
- 70 g Mandelstifte

Außerdem

- Butter für das Backblech
- 300 g Halbbitter-Kuvertüre zum Überziehen

Arbeitszeit: 1 Stunde
Backzeit: 25–30 Minuten
E-Herd 175 °C/
Umluft 160 °C/Gas Stufe 2

Feine Nußeckchen

Nußecken sind besonders in dieser saftigen Mini-Version ein wahrer Schlager!

1 Für den Teig die Butter schaumig rühren, dabei nach und nach Puderzucker, Ei und Eigelb abwechselnd zugeben. Die Zitrone heiß abwaschen, dünn abreiben und die Hälfte der Schale zur Masse geben. Das Mehl mit dem Backpulver vermengen und schnell darunterkneten. Den Teig auf einem gebutterten tiefen Backblech glatt verstreichen.

2 Den Ofen auf 175 Grad vorheizen. Für den Belag Orangeat und Zitronat fein, die Haselnüsse und Pistazien grob hacken. Honig, Butter und Sahne mit den gemahlenen Haselnüssen, den Gewürzen und der restlichen Zitronenschale in einem Topf vermengen. Dies erhitzen, bis ein dicklicher Brei entstanden ist.

3 Die gehackten Haselnüsse, die Pistazien und die Mandeln darunterrühren und alles 5 Minuten abkühlen lassen. Die Masse auf den Teig geben und glattstreichen. Alles im Ofen (Mitte) 25–30 Minuten backen und über Nacht völlig abkühlen lassen.

4 Die Teigplatte in etwa 5 cm große Quadrate schneiden und diese diagonal in Dreiecke teilen. Die Kuvertüre hacken, im Wasserbad temperieren (siehe Seite 19) und die Ränder der Nußeckchen damit bestreichen oder darin eintauchen. Zum Trocknen auf ein Gitter setzen. Luftdicht aufbewahrt bleiben sie etwa 10 Tage lang frisch.

Bild Seite 66/67

Plum cookies

Originell

Für etwa 70 Stück

- 70 g Backpflaumen
- 125 g weiche Butter
- Salz
- 200 g Puderzucker
- ½ Fläschchen Rum-Aroma
- 3 Eier
- 120 g Mehl
- 40 g gemahlene Mandeln

Außerdem

- etwa 200 g Aprikosenmarmelade
- 1–2 EL Rum
- Butter für das Backblech

Arbeitszeit: 1 Stunde
Backzeit: 15 Minuten
E-Herd 180 °C/
Umluft 160 °C/Gas Stufe 2

1 Die Pflaumen in kleine Würfel schneiden. Die Butter mit etwas Salz schaumig rühren, dann nach und nach abwechselnd 100 g Puderzucker, Rum-Aroma und die Eier zugeben. Mehl und Mandeln vermischen und schnell unter die Masse rühren.

2 Den Ofen auf 180 Grad vorheizen. Vom Teig mit Teelöffeln kleine Häufchen auf gebutterte Backbleche setzen. Dabei 3–4 cm Abstand halten, da die Plätzchen auseinanderlaufen. Die Pflaumenwürfel auf die Teighäufchen verteilen und leicht in den Teig hineindrücken. Im heißen Ofen (Mitte) 15 Minuten backen.

3 Inzwischen die Marmelade erhitzen und durch ein Sieb streichen. Den übrigen Puderzucker mit 1–2 EL Rum zu einer nicht zu dünnen Glasur verrühren. Die noch warmen Plätzchen mit Marmelade und dann mit der Glasur bepinseln. Im ausgeschalteten Ofen über Nacht antrocknen lassen.

Varianten

Statt Backpflaumen können Sie auch ganze Sultaninen verwenden. Gehaltvoller werden die Plätzchen, wenn Sie die Früchte 1 Stunde in Rum einlegen. Und wenn Sie gar keinen Alkohol mögen, können Sie die Glasur auch mit Orangen- oder Apfelsaft anrühren.

Bild Seite 66/67

Cuccidate

Schön zum Verschenken

Für 60–70 Stück

Für die Füllung

60 g getrocknete Aprikosen
60 g getrocknete Feigen
30 g kandierte Kirschen
2 EL Kirschkonfitüre
1 EL Amaretto
1 Msp. gemahlener Kardamom
2 Msp. gemahlener Zimt

Für den Teig

2 Eier
2 Eigelb
Salz
1/2 Fläschchen Mandel-Aroma
200 g Mehl
50 g Puderzucker
125 g kalte Butter

Außerdem

Mehl zum Ausrollen
Butter für die Backbleche

Arbeitszeit: 1 Stunde
Ruhezeit: 2 Stunden
Backzeit: 12–15 Minuten
E-Herd 175 °C/
Umluft 160 °C/Gas Stufe 2

1 Für die Füllung die Früchte hacken, mit den übrigen Zutaten vermischen und über Nacht durchziehen lassen.

2 Eier und Eigelbe mit 1 Prise Salz und dem Mandel-Aroma verrühren und 10 Minuten stehen lassen. Das Mehl mit dem Puderzucker vermischen. Die Butter in Stücke schneiden. Alles schnell verkneten und den Teig in Folie 2 Stunden kühlen.

3 Den Ofen auf 175 Grad vorheizen. Den Teig auf bemehlter Flüche dünn ausrollen und Kreise ausstechen (Ø 5 cm). Den übrigen Teig verkneten, kühlen, ausrollen und ausstechen.

4 Auf die Hälfte der Teigkreise je 1 TL Füllung geben. Die übrigen Teigkreise in der Mitte kreuzweise einschneiden und daraufsetzen. Die Ränder mit einer Kuchengabel festdrücken. Die Cuccidate auf gebutterte Bleche setzen und im Ofen (Mitte) 12–15 Minuten backen. Auf Gitter geben und über Nacht auskühlen lassen.

Coconut cookies

Das lieben Kinder

Für 80–90 Stück

150 g getrocknete Bananenchips
50 g Corn-flakes
170 g weiche Butter
1 Ei
1 Eigelb
170 g Rohrzucker
250 g Mehl
1 TL Backpulver
1 EL reines Kakaopulver
250 g Kokosraspel
100 g zarte Haferflocken

Außerdem

Milch
Mehl zum Formen
Butter für die Backbleche

Arbeitszeit: 30–40 Minuten
Backzeit: 12–15 Minuten
E-Herd 160 °C/
Umluft 150 °C/Gas Stufe 1–2

1 Die Bananenchips und Corn-flakes grob hacken oder zerbröseln. Die Butter schaumig rühren, dann Ei, Eigelb und Zucker abwechselnd zugeben und weiterrühren, bis sich der Zucker fast aufgelöst hat.

2 Mehl, Backpulver, Kakao und Kokosraspel mischen und schnell unter die Buttermasse mengen. Dann die Bananenchips, Corn-flakes und Haferflocken darunterkneten, so daß ein formbarer glatter Teig entsteht. Falls nötig, etwas Milch zugeben.

3 Den Ofen auf 160 Grad vorheizen. Den Teig auf bemehlter Fläche zu 3 cm dicken Rollen formen und diese in 2cm dicke Stücke teilen. Daraus kleine Kugeln formen, in 4–5 cm Abstand auf gebutterte Bleche setzen und etwas flach drücken. Im heißen Ofen (Mitte) 12–15 Minuten backen.

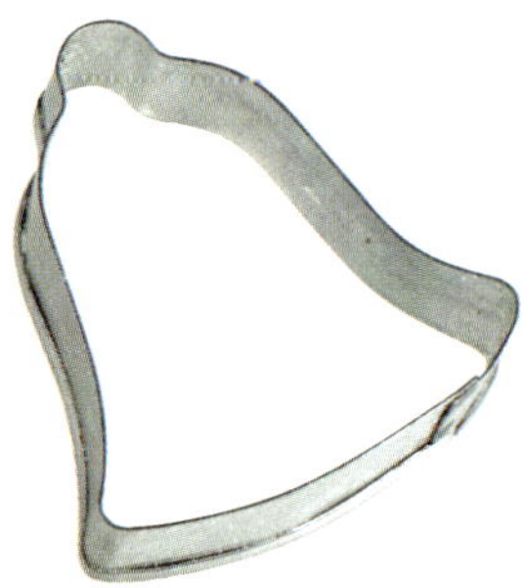

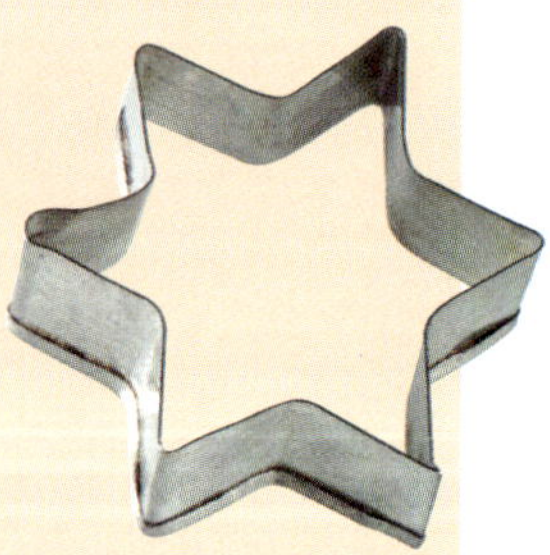

Pignoli-Kipferl

1 100 g Pinienkerne in einer trockenen Pfanne etwas anrösten, abkühlen lassen und fein mahlen. Die Zitrone heiß abwaschen, trockenwischen und die Schale dünn abreiben.

2 Die Mandeln mit Zitronenschale, 1 Prise Salz, 200 g Honig und 3 Eiweißen in einem Topf vermengen und sanft erhitzen, bis eine formbare Masse entsteht. Diese abkühlen lassen und mit den gemahlenen Pinienkernen vermengen.

3 Den Ofen auf 190 Grad vorheizen. Aus dem Teig eine 3–4 cm dicke Rolle formen und in etwa 60 Stücke teilen. Diese zu kleinen »Kipferln« formen und auf gebutterte Bleche setzen.

4 Übriges Eiweiß verquirlen, die Hörnchen damit bestreichen und die restlichen Pinienkerne auf den Kipferln leicht festdrücken. Im heißen Ofen (Mitte) etwa 15 Minuten backen. Inzwischen den übrigen Honig mit der Milch glattrühren und die Kipferl nach 10 Minuten der Backzeit damit bestreichen.

Klassiker

Für etwa 60 Stück

- 200 g Pinienkerne
- 1 unbehandelte Zitrone
- 250 g gemahlene Mandeln
- Salz
- 250 g mildaromatischer Honig
- 4 Eiweiß

Außerdem

- Butter für das Backblech
- 3–4 EL Milch

Arbeitszeit: 1 Stunde
Backzeit: etwa 15 Minuten
E-Herd 190 °C/
Umluft 170 °C/Gas Stufe 2–3

Varianten

Wenn Ihnen Pinienkerne zu teuer sind, können Sie den Mandelanteil erhöhen oder die Pinienkerne im Teig ganz durch Mandeln ersetzen. Oder Sie nehmen die besonders preiswerte Mehl-Zucker-Variante. Dazu werden 150 g gemahlene Mandeln mit 250 g Mehl und 2 Eiweißen gemischt und mit einer heißen Lösung aus 250 g Zucker und 70ml Wasser sanft erhitzt. Dann wie oben beschrieben weiterverarbeiten und bei 175 Grad 5–8 Minuten backen.

Das lieben Kinder

Für 20–30 Stück

- 100 g Schlagsahne
- 3 EL Öl
- 120 g Rohrzucker
- 50 g Sultaninen
- 50 g getrocknete Äpfel
- 50 g Backpflaumen
- 2 EL grüne Kürbiskerne
- 2 EL Mandelstifte
- 100 g kernige Haferflocken
- 1 EL Mehl
- 200 g Halbbitter-Kuvertüre

Arbeitszeit: 20 Minuten
Backzeit: 12–15 Minuten
E-Herd 190 °C/
Umluft 180 °C/Gas Stufe 2–3

Müslitaler

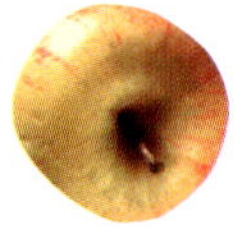

1 Die Sahne mit dem Öl und dem Zucker sanft kochen lassen, bis sich der Zucker gelöst hat. Die Sultaninen abbrausen und gut abtropfen lassen, die Äpfel und die Pflaumen hacken. Alles mit den übrigen Zutaten, außer der Kuvertüre, unter die heiße Sahnemischung mengen und abkühlen lassen.

2 Den Ofen auf 190 Grad vorheizen. Die Sahnemasse mit einem Eßlöffel in kleine Portionen teilen und daraus Taler formen. Diese auf ein mit Backpapier belegtes Blech legen und im heißen Ofen (Mitte) 12–15 Minuten backen. Zum Abkühlen auf Gitter setzen.

3 Die Kuvertüre schmelzen und temperieren (siehe Seite 19). Die Taler zur Hälfte hineintauchen und zum Abtropfen auf Gitter setzen. Luftdicht verpackt aufbewahren.

Mandel-Schoko-Schnitten

Geht ganz leicht

Für 50–60 Stück

- 200 g Noisette-Schokolade
- 6 Eier
- 350 g weiche Butter
- 350 g Puderzucker
- 6 rechteckige Backoblaten (122 x 202 mm)
- 180 g Mehl
- Salz
- 150 g Mandelstifte
- Puderzucker zum Bestäuben

Arbeitszeit: 30 Minuten
Backzeit: 40–45 Minuten
E-Herd 175 °C/
Umluft 160 °C/Gas Stufe 2

1 Die Schokolade fein reiben. Die Eier trennen. Die Butter schaumig rühren, dann nach und nach abwechselnd Eigelbe und Puderzucker zugeben und die Masse schaumig rühren, bis sich der Zucker fast aufgelöst hat. Die Schokolade untermengen.

2 Den Ofen auf 175 Grad vorheizen. Die Oblaten am Rand mit etwas Wasser bepinseln, ein Backblech leicht überlappend damit belegen, dabei die Ränder festdrücken. Das Mehl zur Hälfte unter den Teig mengen, den Rest mit einem Rührlöffel behutsam unterrühren. Die Eiweiße mit 1 Prise Salz schnittfest schlagen und unter den Teig heben.

3 Den Teig auf die Oblaten streichen, mit den Mandeln bestreuen und diese leicht andrücken. Die Schnitten im heißen Ofen (Mitte) 40–45 Minuten backen, noch heiß in längliche Rauten schneiden und mit Puderzucker bestäuben. Auf einem Gitter auskühlen lassen.

Quittenschnitten

1 Für den Teig Mehl, Zucker, Vanillezucker und Salz mischen, auf die Arbeitsfläche häufen und darin eine Mulde formen. Ei und Eigelb hineingeben. Butter in Stücke schneiden und über dem Mehl verteilen. Alles mit dem Messer krümelig verhacken und schnell verkneten. Den Teig in Folie wickeln und 2 Stunden lang durchkühlen.

2 Die Mandelstifte fein hacken. Die Eiweiße steif schlagen, dann die Hälfte des Puderzuckers einrieseln lassen und weiterschlagen, bis der Eischnee schnittfest und glänzend ist. Mandeln und Gelee unterziehen.

3 Den Ofen auf 160 Grad vorheizen. Den Teig 5 mm dick ausrollen, in 5 cm breite Streifen schneiden und auf ein gebuttertes Blech setzen. Im heißen Ofen (Mitte) 5 Minuten backen, dann mit der Makronenmasse bestreichen und diese in weiteren 5–7 Minuten goldgelb backen. Die Teigstreifen auf Gitter ziehen und über Nacht nachtrocknen lassen.

4 Den übrigen Puderzucker mit dem Zitronensaft zu einer nicht zu dünnen Glasur verrühren und die Makronenstreifen damit überziehen. Nochmals über Nacht stehen lassen, in 2 cm breite Schnitten schneiden und luftdicht verpackt aufbewahren.

Varianten

Sie können auch Johannisbeer- statt Quittengelee verwenden. Und wenn Sie ein paar grob gehackte Pistazien unter die Mandeln mischen, sehen die Plätzchen noch schöner aus.

Preiswert

Für etwa 60 Stück

Für den Teig

- 200 g Mehl
- 100 g Zucker
- 1 Päckchen Vanillezucker
- Salz
- 1 Ei
- 1 Eigelb
- 100 g kalte Butter

Für den Belag

- 100 g Mandelstifte
- 2 Eiweiß
- 250 g Puderzucker
- 3 EL Quittengelee
- 1–2 TL Zitronensaft

Außerdem

- Mehl zum Ausrollen
- Butter für das Backblech

Arbeitszeit: 45 Minuten
Ruhezeit: 2 Stunden
Backzeit: 10–12 Minuten
E-Herd 160 °C/
Umluft 140 °C/Gas Stufe 1–2

Originell
Für 60–70 Stück

500 g Mandelkerne
30 g Orangeat
3 unbehandelte Orangen
100 g Würfelzucker
2 Eier
250 g Zucker
Mehl zum Ausrollen
2 EL gehackte Pistazienkerne

Arbeitszeit: 45 Minuten
Backzeit: 10–12 Minuten
E-Herd 160 °C/
Umluft 150 °C/Gas Stufe 1–2

Marokkanische Orangenplätzchen

1 Den Ofen auf 160 Grad vorheizen. Die Mandeln in kochendes Wasser geben, drei Minuten ziehen lassen und in kaltem Wasser kurz abschrecken. Die Kerne aus den Häutchen drücken, 15 Minuten im Ofen trocknen und abgekühlt nicht zu fein reiben. Das Orangeat hacken.

2 Die Orangen heiß waschen, abtrocknen und mit dem Würfelzucker die Schale dünn abreiben. Die Früchte auspressen und den Saft durch ein Sieb gießen – es sollte 200 ml ergeben.

3 Die Eier mit der Hälfte des Orangenzuckers und 100 g Zucker dick schaumig rühren. Mandeln und Orangeat darunterrühren. Die Masse zwischen Klarsichtfolie 1 cm dick ausrollen und in Rauten schneiden. Diese auf ein mit Backpapier belegtes Blech setzen und im Ofen (Mitte) 10–12 Minuten backen, so daß sie noch weich sind. Auf einem Gitter auskühlen lassen.

4 Den übrigen Orangenzucker und Zucker mit dem Orangensaft 5 Minuten zu Sirup kochen und abkühlen lassen. Die Plätzchen darin 1 Minute ziehen und auf Gittern abtropfen lassen, dies nochmals wiederholen. Mit Pistazien bestreuen und 1–2 Tage trocknen lassen.

Na, so was!
Natürlich ist Marokko kein typisches Weihnachtsland, und dieses Gebäck kann man dort auch das ganze Jahr über genießen. Aber es hat so viel Weihnachtsaroma und schmeckt so wunderbar zu Tee oder Punsch, daß es wie geschaffen für lange Winterabende ist.

Das lieben Kinder
Für 60–70 Stück

- 250 g Mehl
- 1/2 TL Backpulver
- 220 g Honig
- 1 Ei
- 250 g kalte Butter
- 6 EL Schlagsahne
- 150 g ungesalzene Erdnußkerne
- 2 EL Pistazienkerne
- 2 EL Sesamsamen
- 1/2 TL gemahlener Zimt
- 1/2 TL gemahlener Ingwer

Arbeitszeit: 30 Minuten
Ruhezeit: 2 Stunden
Backzeit: 15–20 Minuten
E-Herd 200 °C/
Umluft 180 °C/Gas Stufe 3

Kernige Honigecken

1 Das Mehl mit dem Backpulver mischen und mit 70 g Honig und dem Ei in eine Schüssel geben. Die Hälfte der Butter würfeln und darübergeben, alles schnell miteinander verkneten. Den Teig in Folie wickeln und 2 Stunden kühlen.

2 Übrigen Honig, restliche Butter und Sahne miteinander erhitzen, bis alles gut vermischt ist. Nußkerne, Sesam, Zimt und Ingwer zugeben, einmal aufkochen und abkühlen lassen.

3 Den Ofen auf 200 Grad vorheizen. Den Teig auf bemehlter Fläche dünn ausrollen und auf ein mit Backpapier belegtes Blech legen. Die Honigmasse darüberstreichen und das Gebäck im heißen Ofen (Mitte) 15–20 Minuten backen.

4 Das Gebäck sofort vom Blech ziehen und noch heiß in 4 x 4 cm große Quadrate schneiden, diese in Dreiecke halbieren.

Varianten

Diese knackige Nußecken-Variante schmeckt übrigens auch mit Vollkornmehl zubereitet sehr gut. Sie können auch Mandelstifte, gehackte Haselnüsse sowie Kürbis- oder Sonnenblumenkerne in den Honigbelag mischen.

Provenzalische Maronenküchlein

1 Für den Teig Mehl, Mandeln und Zucker in einer Schüssel mischen. Die Butter in Stücke schneiden und alles mit dem Eigelb schnell verkneten. Den Teig in Folie wickeln und 1 Stunde kühlen.

2 Die Maronen mit dem Marc de Provence, der Butter, dem Zucker und dem Fenchel etwa 10 Minuten köcheln lassen, bis sie mit Sirup überzogen sind. Völlig abkühlen lassen.

3 Teig nochmals kurz kneten, auf bemehlter Fläche zu einer Rolle formen und davon 30 Scheiben abschneiden. Die Maronen darin einschlagen und zu Kugeln formen, falls nötig, die Teigscheiben zuvor noch etwas ausrollen.

4 Den Ofen auf 200 Grad vorheizen. Die Maronen auf ein gebuttertes Blech setzen und kreuzweise einschneiden. Im heißen Ofen (Mitte) etwa 20 Minuten backen. Völlig auskühlen lassen und mit Kakaopulver bestäuben.

Originell

Für 30 Stück

Für den Teig

- 100 g Mehl
- 70 g gemahlene Mandeln
- 50 g Zucker
- 70 g kalte Butter
- 1 Eigelb

Für die Maronen

- 30 geschälte Maronen (siehe Tip)
- 4 cl Marc de Provence (französischer Tresterschnaps, ersatzweise Grappa)
- 40 g Butter
- 50 g Zucker
- 1/2 TL Fenchelsamen

Außerdem

- Mehl zum Ausrollen
- Butter für das Backblech
- Kakaopulver zum Bestäuben

Arbeitszeit: 45 Minuten
Ruhezeit: 1 Stunde
Backzeit: 20 Minuten
E-Herd 200 °C/
Umluft 180 °C/Gas Stufe 3

Tip

Gekaufte Maronen schält man wie folgt: die Maronen an der Spitze kreuzweise einschneiden, sie mit Wasser besprühen und für 10–15 Minuten in den 200 Grad heißen Ofen schieben, bis die Schale aufspringt. Dann schälen und die Häutchen entfernen.

Originell
Für 1 Springform, Ø 28 cm

1 unbehandelte Orange
8 Stück Würfelzucker
2 EL Rum
100 g große Sultaninen (z. B. aus Kalifornien)
300 g Cashewkerne
300 g kandierte exotische Früchte (Papayas, Mangos usw., ersatzweise Orangeat, Zitronat und kandierte Kirschen)
250 g Zucker
1 TL gemahlener Zimt
1/2 TL gemahlener Ingwer
1/2 Tl gemahlener Koriander
2 Msp. gemahlene Muskatnuß
200 g Mehl

Arbeitszeit: 1 Stunde
Backzeit: 30 Minuten
E-Herd 150 °C/
Umluft 140 °C/Gas Stufe 1

Panforte California

Dies ist die amerikanische Version des italienischen Panforte, einem knackigen Karamelkuchen mit Kernen und Früchten.

1 Die Orange heiß abwaschen, abtrocknen und die Schale mit dem Würfelzucker dünn abreiben. Den Saft auspressen und mit dem Rum und dem Würfelzucker aufkochen, bis der Zucker aufgelöst ist. Die Sultaninen in einem Sieb abspülen, gut abtropfen lassen und mit der heißen Zuckerlösung vermischen. 30 Minuten quellen lassen.

2 Die Cashewkerne und die kandierten Früchte hacken. Den Zucker bei sanfter Hitze in einem Topf leicht karamelisieren lassen. Vom Herd ziehen, Kerne, kandierte Früchte und Sultaninen samt Zuckerlösung und Gewürzen darunterrühren und alles auf der Arbeitsfläche mit dem Mehl verkneten.

3 Den Ofen auf 150 Grad vorheizen. Eine Springform (Ø 28 cm) mit Backpapier auskleiden und die Masse fest hineindrücken. Den Kuchen im heißen Ofen (Mitte) etwa 30 Minuten backen, aus der Form lösen und auf einem Kuchengitter 1 Tag lang auskühlen lassen. Den Kuchen mindestens 1 Woche in einer Dose oder in Folie luftdicht durchziehen lassen. Vor dem Servieren nach Wunsch mit Puderzucker bestäuben.

Zartes Früchtebrot

Schön zum Verschenken

Für 8 kleine Brote

Für die Füllung

1 1/2 kg Trockenfrüchte (Birnen, Rosinen, Äpfel, Aprikosen, Feigen)
200 g Mandelkerne
200 g Haselnußkerne
100 g Walnußkerne
2 kleine unbehandelte Orangen
100 g Zitronat
100 g Orangeat
1 EL gemahlener Zimt
1 TL gemahlene Nelken
1/2 TL gemahlene Muskatnuß
250 g brauner Zucker
1/4 l Obstbrand

Für den Teig

250 g Mehl
30 g frische Hefe
1/8 l lauwarme Milch
1 EL Zucker
1/2 TL Salz
2 Eier
100 g weiche Butter

Arbeitszeit: 1 1/2 Stunden
Backzeit: 50–60 Minuten
E-Herd 225 °C/
Umluft 200 °C/Gas Stufe 4

1 Am Vortag die Birnen knapp mit Wasser bedecken, aufkochen und über Nacht im Sud durchziehen lassen.

2 Dann die Rosinen heiß waschen, abtropfen lassen. Die gequollenen Birnen abtropfen lassen und den Sud beiseite stellen. Birnen, Äpfel, Feigen und Aprikosen grob hacken, ebenso die Kerne und Nüsse. Die Orangen heiß waschen, abtrocknen und die Schale dünn abreiben, den Saft auspressen. Alle Zutaten für die Füllung miteinander mischen, so daß eine relativ feuchte Masse entsteht. Bei Bedarf noch etwas Birnensud zugeben.

3 Für den Teig das Mehl aufhäufen, in der Mitte ein Mulde formen und die Hefe hineinbröckeln. Mit etwas Milch, Zucker und Salz zu einem Vorteig verrühren und zugedeckt 15 Minuten gehen lassen. Dann mit den Eiern glatt verkneten, die weiche Butter erst zum Schluß unterkneten.

4 Den Ofen auf 225 Grad vorheizen. Die Füllung mit dem Teig vermengen, in acht Portionen teilen und daraus 8 kleine Laibe formen. Diese auf mit Backpapier belegte Bleche setzen und nochmals zugedeckt 15 Minuten gehen lassen. Dann die Brote im heißen Ofen (Mitte) 50–60 Minuten backen, dabei nach 30 Minuten mit Alufolie bedecken.

5 Die Brote anschließend auf Gittern über Nacht auskühlen und mindestens 2 Wochen luftdicht verpackt reifen lassen.

Rustikales Früchtebrot

1 Die Sultaninen in einem Sieb abwaschen und gut abtropfen lassen. Die Datteln entkernen und wie die Feigen und das Orangeat fein würfeln. Die Nüsse einmal grob hacken. Alle vorbereiteten Zutaten sowie die Kürbiskerne mit Mehl, Backpulver und Gewürzen vermischen.

2 Den Ofen auf 175 Grad vorheizen. Die Eier mit dem Zucker sehr schaumig schlagen. Die Früchte-Nuß-Mischung daruntermengen und den Teig gut durchkneten. Den Teig in eine gebutterte Kastenform füllen und im heißen Ofen (Mitte) in 80–90 Minuten knusprig backen.

3 Den Kuchen kurz in der Form ausdampfen lassen, auf ein Gitter stürzen, wenden und über Nacht völlig auskühlen lassen. Dann luftdicht in Folie verpacken und 1–2 Tage durchziehen lassen.

Na, so was!

Mißlang der Bäuerin das Früchtebrot beim Backen am Thomastag (21. Dezember), so wollte es der strenge (Aber-)Glaube, daß sie bald stirbt. Deswegen ging der Anschnitt dieses Brotes auch immer an die Hausgeister zur Besänftigung – aber frühestens nach der Christmette. Wer vorher davon naschte, dem wuchsen Eselsohren. Sagt die Sage.

Klassiker

Für etwa 1 kg

- 200 g Sultaninen
- 120 g Datteln
- 150 g getrocknete Feigen
- 80 g Orangeat
- 150 g Walnüsse
- 50 g Haselnüsse
- 50 g Kürbiskerne
- 200 g Mehl
- 1 TL Backpulver
- 2 TL Lebkuchengewürz
- 1 TL Anissamen
- 3 Eier
- 50 g Zucker
- Butter für die Form

Arbeitszeit: 30–40 Minuten
Backzeit: 80–90 Minuten
E-Herd 175 °C/
Umluft 160 °C/Gas Stufe 2

Tip

Mit etwas Butter servieren.

Quarkstollen mit Marzipan

Klassiker
Für etwa 1,5 kg

Für die Füllung

50 g getrocknete Aprikosen
50 g Pistazienkerne
100 g Marzipan-Rohmasse
50 g Puderzucker
1/2 Päckchen Vanillezucker

Für den Teig

150 g Butter
250 g Magerquark
2 Eier
1 Päckchen Vanillezucker
150 g Zucker
5 Tropfen Mandel-Aroma
3 EL Rum
250 g Korinthen
150 g Zitronat
100 g Mandelstifte
500 g Mehl
1 Päckchen Backpulver
1 TL Lebkuchengewürz

Außerdem

Mehl zum Formen
etwa 150 g Butter z um Bestreichen
80 g Zucker
1 Päckchen Vanillezucker
4 EL Puderzucker

Arbeitszeit: 1 Stunde
Backzeit: 60–70 Minuten
E-Herd 175 °C/
Umluft 160 °C/Gas Stufe 2

1 Für die Füllung Aprikosen und Pistazien hacken und mit den übrigen Zutaten verkneten. Daraus eine 4 cm dicke und 30 cm lange Rolle formen und zugedeckt kühl stellen.

2 Für den Teig die Butter schmelzen und abkühlen lassen. Den Quark mit Eiern, Vanillezucker, Zucker, Mandel-Aroma und Rum aufschlagen. Die Korinthen abbrausen und trockenreiben, das Zitronat hacken. Beides mit den Mandeln in einer trockenen großen Pfanne anwärmen. Mehl in der Pfanne mit Backpulver, Lebkuchengewürz, Früchten und Mandeln mischen und mit der noch flüssigen Butter unter die Quarkmasse kneten.

3 Den Ofen auf 175 Grad vorheizen. Den Teig auf bemehlter Fläche zu einem 30 cm langen Laib formen und mit der Handkante der Länge nach in der Mitte eindrücken. Mit dem Teigroller den Spalt so verbreitern, daß die Marzipanrolle hineinpaßt und sich längsseits ein großer und ein kleiner Wulst bilden.

4 Die Marzipanrolle neben den kleinen Wulst legen und den übrigen Teig so darüberschlagen, daß der große Wulst auf der Rolle und dem kleinen Wulst liegt. Dem Stollen die typische Form geben. Auf ein gebuttertes Backblech geben. Aus starker Alufolie einen breiten Streifen falten, diesen um den Stollen legen und die Enden mehrfach zusammenfalzen.

5 Den Stollen im Ofen (untere Schiene) 60–70 Minuten backen. Butter zerlassen und den Stollen nach 20 Minuten Backzeit immer wieder damit bepinseln. Nach dem Backen die übrige Butter auf den heißen Stollen streichen. Zucker und Vanillezucker mischen und den Stollen damit bestreuen. Abkühlen lassen und mit Puderzucker bestäuben.

Leicht und luftig

Leichter Schaum aus Eigelb und luftiger Eischnee machen das Gebäck in diesem Kapitel zu kleinen Delikatessen, die auf der Zunge zergehen. Und wenn dann noch, wie bei den Baci di Amarena und den Baiser-Eclairs, eingelegte Kirschen oder eine exotische Creme das Ganze veredeln, wird das Gebäck zur raffinierten Kostbarkeit – also schnell in Sicherheit bringen, bevor andere lange Finger machen.

Originell
Für etwa 30 Stück

250 g Marzipan-Rohmasse
70 g Puderzucker
Salz
3 Eigelb
25–30 runde Backoblaten (Ø 40 mm)
15 Amarenakirschen
50 g Aprikosenkonfitüre

Arbeitszeit: 30–40 Minuten
Backzeit: 12–15 Minuten
E-Herd 175 °C/
Umluft 160 °C/Gas Stufe 2

Baci di Amarena

Hier sorgen Amarenakirschen für die fruchtige Süße der luftigen Küßchen.

1 Das Marzipan mit dem Puderzucker und 1 Prise Salz verkneten. Mit den Eigelben in eine Metallschüssel geben. In einem passenden Topf Wasser aufkochen und vom Herd ziehen. Die Schüssel auf den Topf setzen und die Eimasse über heißem Dampf aufschlagen, bis sie dick cremig und der Zucker aufgelöst ist.

2 Den Ofen auf 175 Grad vorheizen. Die Eimasse in einen Spritzbeutel mit Lochtülle (Ø 1 cm) geben und auf die Backoblaten spritzen. Die Kirschen gut abtropfen lassen, halbieren und jeweils in ein Plätzchen hineindrücken.

3 Die Plätzchen auf ein Blech setzen und 12–15 Minuten im Ofen (Mitte) backen, so daß sie noch etwas weich sind. Inzwischen die Aprikosenkonfitüre erhitzen und durch ein Sieb streichen. Die Plätzchen – nicht die Kirschen – sofort nach dem Backen damit dünn bepinseln und auf einem Gitter über Nacht trocknen lassen.

Bild Seite 88/89

Baiser-Eclairs

1 Die Eiweiße mit dem Zitronensaft steif schlagen, dann nach und nach den Zucker einrieseln lassen, bis der Eischnee schnittfest und glänzend ist. Den Ofen auf 110 Grad vorheizen. Die Baisermasse in einen Spritzbeutel mit Lochtülle (Ø 8 mm) füllen und auf mit Backpapier belegte Bleche 3–4 cm lange Stäbchen spritzen. Diese im Ofen (Mitte) 50–60 Minuten trocknen. Dabei einen Holzlöffel in die Ofentür stecken, damit Feuchtigkeit entweichen kann. Die Baisers im ausgeschalteten Ofen bei offener Tür über Nacht trocknen lassen.

2 Die Vanilleschote aufschlitzen, das Mark herausschaben und samt der Schote in der Sahne erhitzen. Die Schote entfernen. Kuvertüre hacken und in der Sahne schmelzen. Den Likör und den Zimt einrühren und die Sahnecreme über Nacht in den Kühlschrank stellen.

3 Zum Füllen die Creme steif schlagen, in einen Spritzbeutel mit Lochtülle (Ø 5 mm) füllen und auf die glatte Seite der Hälfte der Stäbchen je einen Strang Creme spritzen. Mit den übrigen Stäbchen zusammensetzen. In die geschmolzene Glasur tauchen, auf Gitter setzen.

Na, so was!

Verzierte Eier sind nicht nur was für Osternester und feines Gebäck – auch auf dem Weihnachtsbaum wurden sie schon gesichtet. So schmückte man vor mehr als 100 Jahren in Schleswig zu den Festtagen die Weihnachtsbäume mit golden verzierten Eiern, und in Polen werden ausgeblasene Eier, geschmückt mit buntem Papier, an die Zweige gehängt.

Bild Seite 88/89

Schön zum Verschenken

Für 70–80 Stück

- 4 Eiweiß
- 1 TL Zitronensaft
- 200 g Zucker
- 1 Vanilleschote
- 100 g Schlagsahne
- 100 g weiße Kuvertüre
- 2 EL Kokoslikör
- 1 TL gemahlener Zimt
- 150 g dunkle Kuchenglasur

Arbeitszeit: 1 ¼ Stunden
Backzeit: 50–60 Minuten
E-Herd 110 °C/
Umluft 100 °C/Gas Stufe 1

Götterschäumchen

Schön zum Verschenken

Für 60–70 Stück

- 200 g Pumpernickel
- 200 g gemahlene Haselnüsse
- 1 TL Lebkuchengewürz
- 4 Eiweiß
- Zitronensaft
- 200 g Zucker
- 150 g Halbbitter-Kuvertüre
- 50 g kandierte Kirschen
- 3 EL Kirschkonfitüre
- 100 g weiche Butter
- 2 EL Puderzucker
- 50 g dunkle Kuchenglasur

Arbeitszeit: 1 Stunde
Ruhezeit: über Nacht
Backzeit: 12–15 Minuten
E-Herd 175 °C/
Umluft 160 °C/Gas Stufe 2

1 Den Pumpernickel fein reiben und mit Nüssen und Lebkuchengewürz mischen. Die Eiweiße mit 1 Spritzer Zitronensaft steif schlagen, dann nach und nach Zucker einrieseln lassen, bis die Masse schnittfest und glänzend ist.

2 Den Ofen auf 175 Grad vorheizen. Die Pumpernickel-Mischung unter den Eischnee ziehen. Die Masse in einen Spritzbeutel mit Lochtülle (Ø 1 cm) füllen und damit Tupfen auf mit Backpapier belegte Bleche setzen.

3 Die Schäumchen 12–15 Minuten backen, so daß sie an der Unterseite noch etwas weich sind. Auf ein Gitter setzen und über Nacht, besser noch 2 Tage lang trocknen lassen.

4 150 g Kuvertüre schmelzen und temperieren (siehe Seite 19). Die Kirschen hacken und mit der Konfitüre vermengen. Die Butter mit dem Puderzucker schaumig rühren und die Kirschen sowie die flüssige, handwarme Kuvertüre untermengen. Die Creme kühl stellen.

5 Sobald die Creme fest zu werden beginnt, füllt man sie in einen Spritzbeutel mit Lochtülle. Auf die Hälfte der Schäumchen einen Tupfer setzen und mit den übrigen Schäumchen zusammensetzen. Die Kuchenglasur schmelzen, in eine Papierspritztüte füllen (siehe Seite 19) und die Götterschäumchen damit überspritzen.

Das lieben Kinder

Für 70–80 Stück

200 g Apfelmus
1 unbehandelte Zitrone
3 Eiweiß
Salz
250 g Puderzucker
2 Msp. gemahlene Nelken
1/2 TL gemahlener Koriander
300 g gemahlene Mandeln
100 g blättrige Mandeln

Arbeitszeit: 30–40 Minuten
Ruhezeit: 2 Stunden
Backzeit: 20 Minuten
E-Herd 160 °C/
Umluft 150 °C/Gas Stufe 1–2

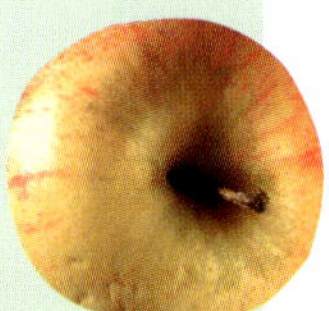

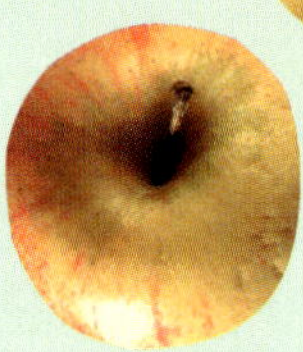

Apfelschäumchen

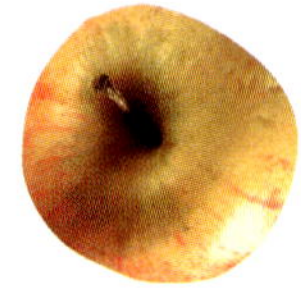

1 Das Apfelmus unter Rühren etwa zur Hälfte einköcheln und völlig abkühlen lassen. Die Zitrone heiß waschen, abtrocknen und die Schale dünn abreiben, den Saft auspressen.

2 Die Eiweiße mit 1 Prise Salz steif schlagen. Dann den Puderzucker einrieseln lassen und weiterschlagen, bis der Eischnee schnittfest und glänzend ist. Das Apfelmus mit Gewürzen, Zitronensaft und -schale verrühren und samt den gemahlenen und blättrigen Mandeln vorsichtig unter den Eischnee ziehen.

3 Mit 2 angefeuchteten Teelöffeln kleine Häufchen auf mit Backpapier belegte Bleche setzen und 2 Stunden trocknen lassen. Dann die Schäumchen in den auf 160 Grad vorgeheizten Ofen (Mitte) schieben und in etwa 20 Minuten knusprig backen. Die Apfelschäumchen 1–2 Tage an der Luft trocknen lassen und dann möglichst luftdicht aufbewahren.

Na, so was!

Der Apfel war der Vorläufer der Christbaumkugel, und Traditionalisten hängen ihn auch heute noch in den Baum oder legen ihn auf bunte Teller. Einst spickte man ihn für die Dienstboten noch mit Münzen und machte ihn so zum »Goldapfel«. Auch pur hatte er seinen Wert – als Orakel: Schnitt man ihn am Heiligabend auf und blieben die Kerne ganz, bedeutete das Glück.

Grießbusserl

Ein Rezept aus Omas Schatzkästlein, dessen Zutaten in jedem Haushalt griffbereit sind.

1 Die Eiweiße steif schlagen, dann den Zucker und Vanillezucker einrieseln lassen und weiterschlagen, bis der Eischnee schnittfest und glänzend ist. Grieß, Mandeln und Zimt mischen und unter den Eischnee ziehen. Die Masse zugedeckt mindestens 6 Stunden, am besten über Nacht stehen lassen.

2 Die Sultaninen heiß waschen, mit dem Himbeersirup und 1 EL Wasser erhitzen und mindestens 2 Stunden, am besten über Nacht quellen lassen.

3 Den Ofen auf 200 Grad vorheizen. Dann die Sultaninen – falls nötig – abtropfen lassen und unter die Masse mengen. Mit angefeuchteten Teelöffeln kleine Häufchen auf ein mit Backpapier belegtes Blech geben und im heißen Ofen (Mitte) 20–25 Minuten backen. Die Grießmakrönchen 1–2 Tage nachtrocknen lassen und dann luftdicht verpacken.

Preiswert

Für 30–40 Stück

- 4 Eiweiß
- 250 g Zucker
- 1 Päckchen Vanillezucker
- 120 g Grieß
- 120 g gemahlene Mandeln
- 1 TL gemahlener Zimt
- 50 g Sultaninen
- 4 EL Himbeersirup

Arbeitszeit: 30 Minuten
Ruhezeit: mindestens 6 Stunden
Backzeit: 20–25 Minuten
E-Herd 200 °C/ Umluft 180 °C/Gas Stufe 3

Originell
Für 60–70 Stück

- 5 Eiweiß
- 30 g Speisestärke
- 80 g Zucker
- 150 g gemahlene Mandeln
- 150 g Puderzucker
- 100 g Mohnsamen
- 150 g Himbeerkonfitüre

Arbeitszeit: 45 Minuten
Ruhezeit: über Nacht
Backzeit: 15 Minuten
E-Herd 160 °C/
Umluft 150 °C/Gas Stufe 1–2

Süße Mohnbrötchen

1 Die Eiweiße steif schlagen, dabei Speisestärke und Zucker einrieseln lassen und weiterschlagen, bis der Eischnee schnittfest und glänzend ist.

2 Den Ofen auf 160 Grad vorheizen. Mandeln, Puderzucker und 80 g Mohn mischen und behutsam unter den Eischnee ziehen. Die Masse in einen Spritzbeutel mit Lochtülle füllen (Ø 1 cm) und 3 cm große Tupfen auf mit Backpapier belegte Bleche setzen.

3 Die Hälfte der Tupfen mit dem übrigen Mohn bestreuen und alles im heißen Ofen (Mitte) etwa 15 Minuten backen; dabei einen Kochlöffel in die Ofentür stecken, damit die Feuchtigkeit entweichen kann.

4 Die Brötchen auf Gitter setzen und über Nacht, am besten 2 Tage lang trocknen lassen. Dann die Konfitüre etwas erwärmen, auf die glatte Seite der Brötchenhälften streichen und diese zusammensetzen. Luftdicht aufbewahren.

Bild: Süße Mohnbrötchen; Walnüßchen, Rezept Seite 98

Geht ganz leicht

Für etwa 60 Stück

450 g Walnußkerne
100 g weiße Schokolade
200 g Puderzucker
1/2 TL gemahlener Zimt
1/2 TL gemahlener Ingwer
2 Eiweiß
1 EL Rum

Außerdem

gestoßener brauner Kandis zum Ausrollen

Arbeitszeit: 30–40 Minuten
Ruhezeit: 3 Stunden
Backzeit: 8–10 Minuten
E-Herd 225 °C/
Umluft 200 °C/Gas Stufe 4

Walnüßchen

1 Etwa 60 Walnußkerne beiseite legen, die übrigen – es sollten 250 g Nüsse sein – fein reiben. Die weiße Schokolade reiben und mit den geriebenen Nüssen, dem Puderzucker und den Gewürzen vermischen.

2 Die Eiweiße cremig, aber nicht ganz steif schlagen, und die Walnußmischung daruntermengen. So viel Rum zugeben, daß eine nicht zu weiche, aber knetbare Masse entsteht. Die Arbeitsfläche mit dem Kandis bestreuen und darauf aus der Masse etwa 3 cm dicke Rollen formen. Diese mit Folie abdecken und 3 Stunden kühlen.

3 Den Ofen auf 225 Grad vorheizen. Die Rollen in 1 cm dicke Scheiben schneiden, diese auf mit Backpapier belegte Bleche geben und jeweils 1 der übrigen Walnußhälften leicht daraufdrücken.

4 Die Walnüßchen im heißen Ofen (Mitte) 8–10 Minuten backen, so daß sie noch etwas weich sind. Auf Gitter setzen und über Nacht, am besten 2 Tage lang nachtrocknen lassen.

Na, so was!

Goldene Walnüsse am Christbaum kennen Sie, aber wußten Sie, daß sie ein Symbol für die hellen (außen) und dunklen (innen) Seiten des Lebens sind? Oder haben Sie schon vom Nußorakel gehört? Da werden entweder vier Nüsse für die Jahreszeiten oder zwölf Nüsse für die Monate des kommenden Jahres geöffnet. Je besser sie gefüllt sind, desto besser wird auch die entsprechende Zeitspanne verlaufen.

Bild Seite 97

Honigstangen

Dieses Gebäck wird ganz ohne Mehl und Zucker gebacken und ist so ein echt gesunder Genuß – gerade für Kinder.

1 Die Zitrone heiß abwaschen, abtrocknen und die Schale dünn abreiben. 1 Ei trennen und das Eigelb, übriges Ei und 100 g Honig schaumig rühren. Haselnüsse, Zitronenschale und Gewürze daruntermengen und die Masse 2 Stunden durchkühlen.

2 Dann die Masse auf der mit Haselnüssen bestreuten Arbeitsfläche etwa 5 mm dick ausrollen und in 2 x 5 cm große Stangen schneiden. Diese auf mit Backpapier belegte Bleche setzen.

3 Den Ofen auf 200 Grad vorheizen. Die beiden Eiweiße mit 1 Spritzer Zitronensaft steif schlagen, dann nach und nach den restlichen Honig zugeben und den Eischnee weiterschlagen, bis er schnittfest und glänzend ist.

4 Die Glasur auf die Stangen streichen und diese im heißen Ofen (Mitte) 12–15 Minuten backen, so daß die Glasur relativ hell bleibt und der Boden noch etwas weich ist. Die Honigstangen auf Gitter setzen und über Nacht auskühlen lassen.

Schön zum Verschenken

Für 60–70 Stück

1 unbehandelte Zitrone
2 Eier
200 g Honig
250 g gemahlene Haselnüsse
1 Msp. gemahlener Ingwer
1 Msp. gemahlener Piment
1 Eiweiß
Zitronensaft

Außerdem
gemahlene Haselnüsse zum Ausrollen

Arbeitszeit: 45 Minuten
Ruhezeit: 2 Stunden
Backzeit: 12–15 Minuten
E-Herd 200 °C/
Umluft 180 °C/Gas Stufe 3

Piniensterne

Geht ganz leicht

Für 30–40 Stück

1 unbehandelte Zitrone
4 Stück Würfelzucker
etwa 200 g Pinienkerne
50 g Zitronat
350 g Puderzucker
2 Eiweiß
150 g Semmelbrösel
Puderzucker zum Ausrollen

Arbeitszeit: 45 Minuten
Ruhezeit: 2 Stunden
über Nacht
Backzeit: 8–10 Minuten
E-Herd 175 °C/
Umluft 160 °C/Gas Stufe 2

1 Die Zitrone heiß waschen, abtrocknen und die Schale dünn mit dem Würfelzucker abreiben, den Saft auspressen. 150 g Pinienkerne fein mahlen, das Zitronat fein hacken. 250 g Puderzucker sieben.

2 Die Eiweiße mit 1 TL Zitronensaft steif schlagen, nach und nach Zitronenzucker und gesiebten Puderzucker einrieseln lassen, bis der Schnee schnittfest und glänzend ist. Dann die gemahlenen Pinienkerne, Zitronat und Semmelbrösel darunterkneten. Die Masse in Folie wickeln und 2 Stunden kühlen.

3 Die Masse auf der mit Puderzucker bestreuten Arbeitsfläche 1 cm dick ausrollen. Mit dem in Puderzucker getauchten Ausstecher Sterne ausstechen und auf ein mit Backpapier belegtes Blech setzen. Die übrige Masse verkneten, ausrollen und ausstechen.

4 Den restlichen Puderzucker mit 1–2 EL Zitronensaft zu einer nicht zu flüssigen Glasur verrühren und die Sterne damit bestreichen. Die Sterne mit den übrigen Pinienkernen verzieren und alles über Nacht trocknen lassen.

5 Den Ofen auf 175 Grad vorheizen. Die Piniensterne im heißen Ofen (Mitte) 8–10 Minuten backen.

Preiswert
Für 30–40 Stück

- 80 g getrocknete Feigen
- 3 Eier
- Salz
- 80 g Rohrzucker oder brauner Zucker
- 1/2 TL gemahlener Ingwer
- 1 TL gemahlener Zimt
- 1 Msp. Cayennepfeffer
- 1 TL reines Kakaopulver
- 3 Tropfen Rum-Aroma
- 200 g Haferflocken
- 2 EL Haselnuß-Krokant
- Butter und Mehl für das Backblech

Arbeitszeit: 30–40 Minuten
Backzeit: 20 Minuten
E-Herd 175 °C/
Umluft 160 °C/Gas Stufe 2

Zarte Haferflockenbiskuits

1 Die Feigen würfeln, die Eier trennen. Die Eiweiße mit 1 Prise Salz und 3 EL Rohrzucker schnittfest schlagen und kühl stellen.

2 Die Eigelbe mit dem übrigen Zucker schaumig schlagen, dann die Gewürze, den Kakao und das Rum-Aroma darunterrühren. Die Haferflocken, den Eischnee, die Feigen und den Krokant daraufgeben und mit dem Teigspatel behutsam unterziehen.

3 Den Ofen auf 175 Grad vorheizen. Ein Backblech mit Butter bestreichen und mit Mehl bestreuen. Mit 2 angefeuchteten Teelöffeln von der Masse kleine Teighäufchen auf das Blech setzen.

4 Die Haferflockenbiskuits im heißen Ofen (Mitte) etwa 20 Minuten backen. Auf Gitter setzen, auskühlen lassen und luftdicht verpackt aufbewahren. Sie schmecken frisch am besten.

Spanische Seufzer

1 Die Orange heiß abwaschen, abtrocknen und die Schale dünn mit dem Würfelzucker so weit wie möglich abreiben.

2 Die Eiweiße mit 1 Prise Salz steif schlagen, dann 50 g Puderzucker zugeben, den Schnee schnittfest schlagen und kühl stellen. Die Butter schaumig rühren, dann nach und nach den übrigen Puderzucker und den Orangenzucker zugeben und die Masse schaumig schlagen.

3 Den Eischnee auf die Buttermasse geben, das Mehl mit den Nelken vermischen und darübersieben. Alles vorsichtig mit dem Teigspatel unterheben.

4 Den Ofen auf 175 Grad vorheizen. Aus dem Teig etwa walnußgroße Bällchen formen, auf mit Backpapier belegte Bleche setzen und etwas andrücken. Die Spanischen Seufzer im heißen Ofen (Mitte) 12–15 Minuten backen und auf Gittern auskühlen lassen. Frisch schmecken sie am besten.

Variante

Sie können die abgekühlten Spanischen Seufzer mit einer Glasur aus 125 g Puderzucker und 1–2 EL Orangensaft oder Brandy überziehen.

Geht ganz leicht

Für 40-50 Stück

- 1 unbehandelte Orange
- 4 Stück Würfelzucker
- 2 Eiweiß
- Salz
- 150 g Puderzucker
- 250 g weiche Butter
- 500 g Mehl
- 1 Msp. gemahlene Nelken

Arbeitszeit: 30 Minuten
Backzeit: 12–15 Minuten
E-Herd 175 °C/
Umluft 160 °C/Gas Stufe 2

Schön zum Verschenken

Für 50–60 Stück

Für die Baisers

2 Eiweiß
Salz
120 g Fruchtzucker

Für die Creme

100 g Noisette-Schokolade
5 EL Schlagsahne
2 EL Butter
1 TL Instant-Kaffeepulver
1 EL Brandy

Außerdem

etwa 250 g Halbbitter-Kuvertüre
Mehl zum Bestäuben

Arbeitszeit: 1 Stunde
Ruhezeit: 2 Stunden
Backzeit: 30 Minuten
E-Herd 100 °C/Umluft nicht geeignet/Gas Stufe 1/2

Chocolate kisses

1 Für die Baisers die Eiweiße mit 1 Prise Salz anschlagen, dann nach und nach den Fruchtzucker einrieseln lassen und weiterschlagen, bis der Eischnee schnittfest und glänzend ist.

2 Den Ofen auf 100 Grad vorheizen. 2 Bleche mit Alufolie belegen und mit Mehl bestäuben. Die Baisermasse in einen Spritzbeutel mit Lochtülle (Ø 8 mm) füllen und Kuppeln in der Größe eines Zwei-DM-Stücks auf die Bleche spritzen.

3 Die Baisers im heißen Ofen (Mitte) etwa 30 Minuten trocknen lassen, bis sie innen und außen fest sind und nicht mehr am Blech kleben. Auf ein Gitter setzen und über Nacht im ausgeschalteten Ofen bei offener Tür nachtrocknen lassen.

4 Für die Creme die Schokolade hacken. Die Sahne mit der Butter erhitzen, die Schokolade darin schmelzen lassen und das Kaffeepulver darin auflösen. Den Brandy einrühren, die Masse abkühlen lassen und 2 Stunden, am besten über Nacht kühlen.

5 Die Kuvertüre schmelzen und temperieren (siehe Seite 19). Die Schokoladensahne richtig schaumig rühren und leicht gewölbt und schön dick auf die getrockneten Baisers streichen. Die Chocolate Kisses mit der Wölbung in die Kuvertüre tauchen, abtropfen lassen und zum Festwerden auf Gitter setzen.

Schokoladenmakronen

Diese Makronen werden mit Marzipan zubereitet, was sie kompakter im Biß, aber auch intensiver im Geschmack macht.

1 Das Marzipan mit dem Puderzucker, den Haselnüssen und nacheinander den beiden Eiweißen verkneten. Die Kuvertüre reiben, die Pistazien grob hacken und beides mit Kakao und Orangenschale unter die Masse kneten.

2 Den Ofen auf 175 Grad vorheizen. Die Masse auf die Oblaten setzen und diese auf Bleche geben. Im heißen Ofen (Mitte) 20–25 Minuten backen. Auf Gitter setzen und über Nacht, am besten 2 Tage lang nachtrocknen lassen.

3 Die Kuchenglasur schmelzen, in eine Papierspritztüte füllen (siehe Seite 19) und die Schokomakronen damit überspritzen.

Das lieben Kinder

Für 50–60 Stück

- 200 g Marzipan-Rohmasse
- 150 g Puderzucker
- 50 g gemahlene Haselnüsse
- 2 Eiweiß
- 50 g Halbbitter-Kuvertüre
- 4 EL Pistazienkerne
- 1 EL reines Kakaopulver
- 1 TL abgeriebene Orangenschale
- 50–60 Backoblaten
- 100 g dunkle Kuchenglasur

Arbeitszeit: 30 Minuten
Backzeit: 20–25 Minuten
E-Herd 175 °C/Umluft
160 °C/Gas Stufe 2

Varianten

Besonders fein werden die Makronen, wenn Sie sie nur mit 1 EL Haselnüssen und ohne Pistazien sowie Kakao zubereiten; allerdings fehlt dann auch der kräftige Schokoladengeschmack.
Sie können die Makronen auch mit Nußnougat-Creme oder Konfitüre zusammensetzen und dann leicht in Glasur tauchen.

Und immer wieder etwas ganz Besonderes ...

An Weihnachten kann man geliebten Menschen nicht nur mit Plätzchen das Leben versüßen. Schmelzende Kreationen nach feiner Konditorenart, kurz Konfekt genannt, kommen da manchmal noch viel, viel besser an. Ist die beschenkte Person eine Dame, empfehlen wir unsere fruchtigen Apriköschen, eher für den Herren sind die herben Espresso-Ramazotti-Trüffel. Aber auch für die Jüngsten ist etwas dabei – schauen Sie einfach nur weiter.

Schön zum Verschenken

Für 30–40 Stück

170 g getrocknete Aprikosen
100 ml Anislikör (z. B. Pernod)
200 g Marzipan-Rohmasse
50 g Puderzucker
3 Tropfen Mandel-Aroma
30–40 Mandelkerne
300 g weiße Kuvertüre
1 Stück Angelika (kandierte Engelwurz; ersatzweise grüne kandierte Kirschen)

Außerdem

Puderzucker zum Formen
30–40 Papiermanschetten

Arbeitszeit: 1 Stunde
Kühlzeit: 8 Stunden

Apriköschen

Verführung provenzalisch: Unter dem zartweißen Überzug stecken Aprikosen und Marzipan mit einem ordentlichen Schuß Anis. Da werden nicht nur Damen schwach ...

1 Die Aprikosen grob würfeln und mit dem Anislikör vermischen. 6 Stunden, am besten über Nacht durch ziehen lassen.

2 Das Marzipan mit dem Puderzucker und dem Mandel-Aroma verkneten. Die Aprikosen samt Likör in der Küchenmaschine fein pürieren oder durch den Fleischwolf drehen (feine Scheibe) und mit dem Marzipan verkneten. 1 Stunde zugedeckt kühl stellen.

3 Die Masse auf mit Puderzucker bestäubter Arbeitsfläche nochmals durchkneten, 2 cm dicke Rollen formen und 2 cm breite Scheiben schneiden. Diese zu kleinen Kugeln formen, in Puderzucker wälzen und in jede Kugel 1 Mandel stecken. 1 Stunde zugedeckt kühlen.

4 Die weiße Kuvertüre schmelzen und temperieren (siehe Seite 19). Angelika dekorativ in Stücke oder Streifen schneiden. Die Kugeln in die Kuvertüre tauchen, abtropfen lassen und auf Gitter setzen. Die Apriköschen mit Angelika garnieren und auf Backpapier setzen, wenn der Überzug fest wird. Zum Servieren in Papiermanschetten geben.

Varianten

Sie können die Apriköschen auch mit Amaretto oder Aprikosenlikör aromatisieren. Wenn's gar kein Alkohol sein soll, einfach Fruchtsaft verwenden. Die Apriköschen lassen sich auch mit anderen Trockenfrüchten, wie Äpfel oder Feigen, abwandeln.

Bild Seite 106/107

Espresso-Ramazotti-Trüffel

Schön zum Verschenken

Für 60–70 Stück

- 125 g Schlagsahne
- 70 g Butter
- 2 EL Kokosfett
- 1 EL Espresso-Pulver (Instant)
- 400 g Halbbitter-Kuvertüre
- 50 g Vollmilch-Kuvertüre
- 5 cl Ramazotti (italienischer Kräuterlikör, ersatzweise Averna)
- 80 g Krokantstreusel
- 60-70 Haselnußkerne

Außerdem

- 2 unbehandelte Orangen
- 2 EL Zucker
- Puderzucker zum Bestäuben
- 60–70 Papiermanschetten

Arbeitszeit: 45 Minuten
Kühlzeit: 8 Stunden

Echte Männer essen nichts Süßes? Wer weiter daran glauben will, sollte die Finger von diesen dunklen Schoko-Granaten mit herbem Espresso-Ramazotti-Kern lassen – die bringen nämlich jeden zum Schmelzen.

1 Die Sahne mit Butter, Kokosfett und Espresso-Pulver erhitzen. 200 g Halbbitter-Kuvertüre und die Vollmilch-Kuvertüre hacken. In der heißen Sahne schmelzen lassen. Die Trüffelmasse abkühlen lassen und zugedeckt 4 Stunden in den Kühlschrank stellen. Inzwischen die Orangen dünn abschälen und die Schale in feine Streifen schneiden. 2 EL Wasser mit dem Zucker erhitzen, Orangenschale zugeben und aufkochen lassen. Auf ein Sieb schütten und trockentupfen.

2 Die kalte Trüffelmasse schaumig schlagen, den Likör zugeben und den Krokant einrühren. Die Masse in einen Spritzbeutel mit Lochtülle (Ø 8 mm) füllen und auf Backpapier kleine »Berge« spritzen. Je 1 Haselnußkern in die Spitze drücken. Die Trüffel mit Puderzucker bestäuben und mindestens 4 Stunden zugedeckt durchkühlen.

3 Die übrige Kuvertüre schmelzen und temperieren (siehe Seite 19) und die Trüffel einzeln hineintauchen. Abtropfen lassen, auf ein Gitter setzen und mit der Orangenschale garnieren. Etwas antrocknen lassen und dann auf Backpapier geben. Zum Servieren in Papiermanschetten setzen.

Varianten

Die Trüffelmasse (ohne Espresso-Pulver) ist Grundlage für viele Rezepte, so können Sie andere Alkoholika wie Whiskey, Rum, Sherry oder Obstbrand verwenden, gehackte Nüsse und Kerne oder Nougatmasse zugeben.

Bild Seite 106/107

Originell
Für 50–60 Stück

1 Vanilleschote
70 g Butter
2 EL Kokosfett
125 g Schlagsahne
150 g Vollmilch-Kuvertüre
150 g Halbbitter-Kuvertüre
3 EL Grappa
250 g Maronenpüree (aus der Dose)
Puderzucker zum Bestäuben
etwa 300 g weiße Kuvertüre
etwa 150 g Pistazien

Arbeitszeit: 45 Minuten
Kühlzeit: 8 Stunden

Tip
Die Trüffelmasse darf beim Formen nicht zu warm werden, da sie sonst schnell schmilzt. Entweder Sie nehmen immer nur einen Teil aus dem Kühlschrank, oder Sie portionieren die Masse zuvor mit einem Teelöffel, kühlen die Stücke nochmals durch und formen sie dann.

Maroni di Tartufo

1 Die Vanilleschote aufschlitzen und mit der Butter und dem Kokosfett in der Sahne aufkochen. Die Schote entfernen.

2 Die Vollmilch- und die Halbbitter-Kuvertüre hacken und in der Sahne schmelzen. Die Trüffelmasse abkühlen lassen und mindestens 4 Stunden zugedeckt durchkühlen.

3 Die Trüffelmasse mit dem Grappa und dem Maronenpüree schaumig schlagen und daraus nußgroße Kugeln formen (siehe Tip). Die Kugeln dünn mit Puderzucker bestäuben und zugedeckt 4 Stunden durchkühlen.

4 Die weiße Kuvertüre schmelzen und temperieren (siehe Seite 19). Die Pistazien grob hacken. Die Trüffelkugeln in die Kuvertüre tauchen, abtropfen lassen, in den gehackten Pistazien wälzen und auf einem Gitter antrocknen lassen. Dann auf Backpapier setzen und fest werden lassen.

Weinschaumküßchen

Originell
Für 70–80 Stück

1 Blatt Gelatine
100 g Schlagsahne
100 ml Süßwein (z.B. Trockenbeerenauslese, ersatzweise Marsala oder heller Portwein)
1 Ei
2 Eigelb
70 g Zucker

Außerdem
200 g dunkle Kuchenglasur
50 g Edelbitter-Schokolade
70–80 g Pralinenkapseln aus Metallfolie

Arbeitszeit: 1 Stunde
Kühlzeit: 4 Stunden

1 Die Kuchenglasur schmelzen, in die Förmchen gießen und diese drehen, so daß sie ganz mit Glasur ausgekleidet sind. Die übrige Glasur ausgießen und die verbliebene Schicht in den Förmchen fest werden lassen.

2 Die Gelatine in kaltem Wasser einweichen. Die Sahne steif schlagen. Den Wein etwas erwärmen. Die Gelatine ausdrücken und im Wein auflösen.

3 Ei, Eigelb, Zucker und warmen Wein in einer Metallschüssel verrühren. In einem passenden, halb gefüllten Topf Wasser bis kurz unter den Siedepunkt erhitzen, die Schüssel daraufsetzen und den Inhalt über heißem Dampf dick schaumig schlagen.

4 Die Schüssel in eiskaltes Wasser setzen und den Weinschaum wieder kalt rühren. Sobald er fest zu werden beginnt, die geschlagene Sahne locker darunterheben.

5 Die Creme in einen Spritzbeutel mit Lochtülle (Ø 8 mm) füllen und in die Kapseln spritzen. Die Schokolade grob reiben und auf die Weinschaumküßchen streuen. Die Küßchen mindestens 4 Stunden ins Gefriergerät geben, dann zwischen Alufolie in luftdichte Gefrierboxen schichten. 5 Minuten vor dem Servieren aus den Gefriergerät nehmen. Sie bleiben etwa 1 Monat lang frisch.

Marzipantrüffel

1 Das Marzipan mit dem Amaretto und dem Puderzucker verkneten. Die Zitrone heiß abwaschen, abtrocknen und die Schale so weit wie möglich dünn mit dem Würfelzucker abreiben.

2 Die Butter mit dem Würfelzucker schaumig rühren. Die weiße Schokolade fein reiben und samt der Marzipanmasse nach und nach zugeben, bis eine homogene Masse entstanden ist. Die Masse zugedeckt 2 Stunden in den Kühlschrank stellen.

3 Die Marzipanmasse zu 3 cm dicken Rollen formen, von diesen 2 cm große Stücke abschneiden und zu Kugeln formen. Die Kuvertüre schmelzen und temperieren (siehe Seite 19). Die Marzipankugeln eintauchen; zum Antrocknen auf Gitter und dann auf Backpapier setzen.

Geht ganz leicht

Für 25–30 Stück

200 g Marzipan-Rohmasse
4 cl Amaretto
50 g Puderzucker
½ unbehandelte Zitrone
2 Stück Würfelzucker
125 g weiche Butter
100 g weiße Schokolade
300 g Halbbitter-Kuvertüre

Arbeitszeit: **1 Stunde**
Kühlzeit: **2 Stunden**

Tip

Sie können die Trüffel mit kleinen Figuren aus Marzipan dekorieren. Dazu 100 g Rohmasse mit 50 g Puderzucker verkneten, auf mit Puderzucker bestäubter Fläche ausrollen und Figuren ausstechen.

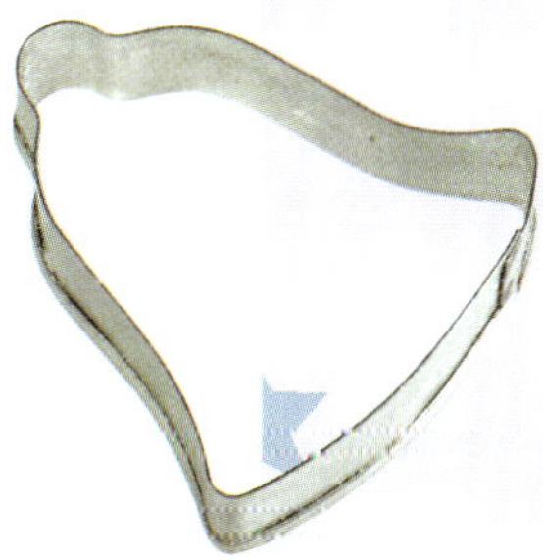

Schön zum Verschenken

Für 50–60 Stück

400 g weiße Kuvertüre
1 unbehandelte Zitrone
4 Stück Würfelzucker
80 g Schlagsahne
100 g weiche Butter
3 Eigelb
100 g Zucker
70 ml Eierlikör

Außerdem

150 g Halbbitter-Kuvertüre
Zuckerperlen zum Verzieren
50–60 bunte Pralinenkapseln aus Metallfolie (gibt's im Schreibwarenladen)

Arbeitszeit: 1 1/4 Stunden

Kühlzeit: 3 Stunden

Tip

Sie können die Pralinenkapseln vor dem Füllen auch mit Kuvertüre auskleiden. Dazu Halbbitter-Kuvertüre schmelzen und temperieren, in die Kapseln füllen und überflüssige Kuvertüre wieder ausgießen. Dann alles erstarren lassen.

Eierlikörküßchen

1 Die weiße Kuvertüre fein hacken. Die Zitrone heiß waschen, abtrocknen und mit dem Würfelzucker die Hälfte der Schale dünn abreiben. Die Sahne in einem großen Topf sanft erhitzen und die Kuvertüre sowie die Butter darin schmelzen.

2 Eigelbe mit Zucker und Zitronenzucker in einer Metallschüssel verrühren. In einem passenden Topf Wasser zum Sieden bringen, die Schüssel daraufsetzen und die Masse über dem heißen Dampf hell und dick schaumig schlagen.

3 Die Masse mit dem Eierlikör zur Schokoladensahne geben und die Creme bei kleinster Hitze unter ständigem Rühren erhitzen, so daß sie bindet. Sie darf dabei nicht kochen. Die Creme in eine Schüssel geben, diese in eiskaltes Wasser setzen und unter Rühren abkühlen lassen.

4 Wenn sie fest zu werden beginnt, die Creme in einen Spritzbeutel mit Sterntülle füllen und in die Pralinenkapseln spritzen. Die Eierlikörküßchen zugedeckt 3 Stunden kühlen.

5 Dann die Halbbitter-Kuvertüre schmelzen, temperieren (siehe Seite 19) und auf die Küßchen träufeln, sie jedoch nicht völlig damit überziehen. Die Küßchen dekorativ mit den Zuckerperlen bestreuen und gekühlt aufbewahren. Sie bleiben etwa 1 Woche lang frisch.

Das lieben Kinder

Für 50–60 Stück

Weichkrokant-Konfekt mit Früchten

- 1 Vanilleschote
- 250 g Schlagsahne
- 170 g brauner Zucker
- 100 g streichfester Honig
- 3 Tropfen Mandel-Aroma
- 50 g Mandelstifte
- 100 g Haselnuß-Krokant
- neutrales Pflanzenöl für die Form

Arbeitszeit: etwa 20 Minuten

Kühlzeit: 3 Stunden

1 Die Vanilleschote aufschlitzen und das Mark herauskratzen. Die Schote samt Mark in der Sahne erhitzen, die Schote herausnehmen und alles mit Zucker und Honig aufkochen.

2 Mandel-Aroma, Mandeln und Krokant zugeben und die Masse unter Rühren etwa 12 Minuten sprudelnd kochen lassen, bis sie zähflüssig ist.

3 Eine rechteckige Form (500 ml Inhalt) ganz dünn mit Öl auspinseln, die Masse hineinfüllen und mit einem immer wieder in kaltes Wasser getauchten Messer glattstreichen. Den Weichkrokant mindestens 3 Stunden durchkühlen, in Würfel schneiden und einzeln in Zellophan wickeln. Kühl aufbewahren.

Variante

250 g gestoßenen braunen Kandis mit 100 ml Wasser 1 Minute kochen lassen. 250 g Sahne dazugießen und alles etwa um die Hälfte dicklich einkochen. 3 EL Instant-Kaffeepulver und 50 ml Weinbrand einrühren und kurz aufkochen lassen. Die Masse wie oben beschrieben in eine geölte Form gießen, glattstreichen und 3 Stunden durchkühlen. Stürzen, in Würfel schneiden und in Zellophan wickeln.

Pinien-Crispies

Geht ganz leicht

Für etwa 40 Stück

200 g Vollmilch-Kuvertüre
150 g Pinienkerne
250 g Zucker
100 g Schlagsahne
1 Msp. gemahlener Zimt
1 Msp. gemahlene Nelken
100 g Rice-Crispies
neutrales Pflanzenöl

Arbeitszeit: 30 Minuten

1 Die Kuvertüre fein hacken. Von den Pinienkernen etwa 40 Stück zur Seite legen, den Rest grob hacken.

2 Den Zucker mit 5 EL Wasser in einem Topf verrühren und bei mittlerer Hitze unter Rühren karamelisieren lassen. Mit der Sahne ablöschen, die gehackten Pinienkerne und die Gewürze zugeben und alles einmal aufkochen, so daß sich der Karamel wieder auflöst.

3 Die Kuvertüre dazugeben und darin unter Rühren schmelzen lassen. Zum Schluß die Rice-Crispies untermengen.

4 Einen Bogen Backpapier einölen. Von der Masse mit Teelöffeln nußgroße Häufchen abstechen und auf das Backpapier setzen. Jedes Plätzchen mit 1 Pinienkern garnieren und ganz erstarren lassen. Kühl und luftdicht aufbewahren.

Variante

Sie können auch einfach 300 g Kuvertüre nach Wunsch schmelzen und temperieren (siehe Seite 19) und darin etwa 250 g gehackte Kerne, Nüsse oder Cerealien einrühren. Dann alles wie oben portionieren und erstarren lassen. Auf diese Weise erhalten Sie zum Beispiel Mandelsplitter aus Mandelstiften und Halbbitter-Kuvertüre oder Choco-flakes mit Vollmilch-Kuvertüre und Corn-flakes.

Königsberger Marzipan

Klassiker
Für 25–30 Stück

200 g Marzipan-Rohmasse
250 g Puderzucker
6–8 TL Kirschwasser (ersatzweise heller Traubensaft)

Außerdem

Puderzucker zum Ausrollen
1 Eiweiß
Belegfrüchte zum Verzieren (kandierte Kirschen, Orangeat, Zitronat oder Angelika bzw. kandierte Engelwurz)
2 verschieden große Herzausstecher

Arbeitszeit: 1 1/4 Stunden
Backzeit: 3–4 Minuten, unter dem Grill

Tip
Die Herzen sehen besonders schön aus, wenn Sie aus den Marzipanresten nach dem Ausstechen dünne Stränge rollen und diese statt der Rahmen auf die bepinselten Ränder der ganzen Herzen setzen. Die Glasur füllen Sie am besten mit dem Mokkalöffel oder einer Papierspritztüte (siehe Seite 19) in die Herzen.

1 Das Marzipan mit 150 g Puderzucker glatt verkneten und auf mit Puderzucker bestäubter Fläche 1 cm dick ausrollen. Daraus 3–4 cm große Herzen ausstechen. Das übrige Marzipan erneut verkneten, ausrollen und ausstechen.

2 Die Hälfte der Herzen mit einem kleineren Herzausstecher nochmal ausstechen, so daß sie ein Art Rahmen bilden. Diese dünn mit verquirltem Eiweiß bepinseln und mit der bepinselten Seite auf die übrigen Herzen setzen. Diese Rahmen mit der Gabel oder dem Messerrücken dekorativ einkerben und dabei etwas festdrücken.

3 Den Grill vorheizen. Die Herzen nacheinander auf Bleche setzen und 3–4 Minuten unter den Grill (oberste Schiene) schieben, bis die Ränder goldbraun gefärbt sind. Dabei unbedingt beim Ofen bleiben, da das Marzipan zum Schluß sehr schnell bräunt. Die Herzen sofort vom heißen Blech heben und auf Gitter setzen. Abkühlen lassen.

4 Die Belegfrüchte dekorativ zuschneiden. Den übrigen Puderzucker mit dem Kirschwasser zu einer nicht zu flüssigen Glasur verrühren und die Herzen damit füllen (siehe Tip). Mit den Früchten dekorieren und trocknen lassen. Das Königsberger Marzipan luftdicht und trokken aufbewahren.

Klassiker
Für 50–60 Stück

100 g kandierte Kirschen (rot und grün)
60 g Honig
110 g Butter
140 g Schlagsahne
170 g Zucker
180 g blättrige Mandeln
200 g Halbbitter-Kuvertüre

Arbeitszeit: 30–40 Minuten
Backzeit: 15–18 Minuten
E-Herd 200 °C/
Umluft 180 °C/Gas Stufe 3

Florentiner Schnitten

Auch wenn sie gebacken werden, sind Florentiner doch eher Konfekt als Plätzchen, zumal sie weder Eier noch Mehl enthalten. Hier werden sie besonders schnell »am Stück« zubereitet. Natürlich schmecken sie trotzdem genauso gut wie die klassischen runden Mandeltaler. Wichtig ist, daß die Mengen und Zeiten genau eingehalten werden.

1 Die Kirschen in kleine Würfel schneiden. Honig, Butter, Sahne und Zucker unter ständigem Rühren 5 Minuten sanft köcheln lassen, so daß der Zucker ganz aufgelöst ist. Dann die Kirschen und Mandeln zugeben und unter weiterem behutsamem Rühren 7 Minuten garen.

2 Den Ofen auf 200 Grad vorheizen. Die Masse mit einer Palette dünn auf ein mit Backpapier belegtes Blech streichen, dabei die Palette immer wieder in kaltes Wasser tauchen. Dann im heißen Backofen (Mitte) in 15–18 Minuten nicht zu dunkel backen.

3 Das Gebäck vorsichtig mit dem Papier auf ein Kuchengitter ziehen und abkühlen lassen. Dann vierteln, wenden und das Papier abziehen. Die Platte erneut wenden und in 2–3 cm große Quadrate schneiden.

4 Die Kuvertüre schmelzen und temperieren (siehe Seite 19). Die glatte Unterseite sowie die Ränder der Florentiner damit bestreichen und das Konfekt mit der Schokoladenseite nach oben auf einem Gitter antrocknen lassen. Die Florentiner möglichst trocken aufbewahren, so daß sie schön knusprig bleiben.

Türkisches Früchte-Konfekt

Geht ganz leicht

Für 30–40 Stück

- 150 g Datteln
- 200 g getrocknete Feigen
- 100 g getrocknete Aprikosen
- 1 kleine unbehandelte Orange
- 1 Msp. gemahlene Nelken
- 1/4 TL gemahlener Koriander
- 250 g brauner Zucker
- 100 g Sesamsamen

Arbeitszeit: 45 Minuten

Dieses fruchtige und, wie im Orient üblich, sehr süße Konfekt paßt besonders gut zu schwarzem Tee, der mit etwas frischer Minze aromatisiert wird. Sie können das Konfekt auch mit anderen Trockenfrüchten wie Äpfeln, Pflaumen oder Sultaninen variieren.

1 Die Datteln entkernen und das Fruchtfleisch wie auch die Feigen und die Aprikosen grob hacken. Die Orange heiß abwaschen, abtrocknen und die Schale dünn abreiben. Den Saft auspressen und durch ein Sieb giessen.

2 Die Früchte mit der Orangenschale, 2 EL Orangensaft, Nelken und Koriander in der Küchenmaschine pürieren. Orangensaft durch soviel Wasser ergänzen, daß es 1/8 l ergibt. Dies mit dem Zucker verkochen, bis dieser sich aufgelöst hat, und abkühlen lassen.

3 Den Sesam in einer trockenen Pfanne anrösten. Aus der Fruchtmasse kleine Kugeln formen. Diese in den kalten Zuckersirup tauchen und anschließend im Sesam wälzen. Die Kugeln auf Gitter legen und über Nacht antrocknen lassen. Zum Servieren in Papiermanschetten setzen.

Marzipantorte

Fein zum Kaffee
Für 1 Springform, Ø 28 cm

Für den Teig

- 10 Eier
- 500 g weiche Butter
- 400 g Puderzucker
- 150 g Mehl
- 100 g Speisestärke
- 300 g gemahlene Haselnüsse
- 1 EL reines Kakaopulver
- 2 EL Milch

Für Füllung und Verzierung

- 300 g Marzipan-Rohmasse
- 250 g Puderzucker
- 350 g Himbeergelee
- 400 g Haselnuß-Glasur
- Puderzucker zum Ausrollen
- reines Kakaopulver zum Bestäuben

Arbeitszeit: 2 1/2 Stunden einschließlich Backen
Ruhezeit: 2 Stunden
E-Herd 250 °C/ Umluft 220 °C/Gas Stufe 5

1 Für die Füllung Marzipan mit Puderzucker verkneten. Eine Hälfte der Masse mit 50 g Gelee verkneten, zwischen Frischhaltefolien zu 4 dünnen Scheiben (Ø 28 cm) ausrollen. Den Marzipanrest auf mit Puderzucker bestäubter Fläche dünn ausrollen, Sterne ausstechen.

2 Den Ofen auf 250 Grad vorheizen. Für den Teig die Eier trennen. Die Eiweiße steif schlagen. Die Butter mit Puderzucker schaumig rühren, nach und nach die Eigelbe zugeben. Mehl, Speisestärke und Nüsse mischen und mit dem Eischnee unter den Teig heben. Ein Drittel Teig abnehmen, Kakao und Milch glattrühren und damit vermengen.

3 2 EL hellen Teig in einer gebutterten Springform glattstreichen und im heißen Ofen (oberste Schiene) 5 Minuten backen. 2 EL dunklen Teig darauf verstreichen und ebenso backen, dasselbe mit hellem Teig wiederholen. Darauf 1 EL Gelee verstreichen, 1 Marzipanscheibe auflegen. Nun darauf wie oben beschrieben wieder 3 Teigschichten backen, mit Gelee und Marzipan vollenden. Auf diese Weise noch zwei weitere Lagen backen, wobei auf die letzte Marzipanscheibe nochmals 2 EL heller Teig kommen, der gebacken wird.

4 Die fertige Torte aus der Form lösen, auf ein Gitter ziehen und mit übrigem Gelee bestreichen. 2 Stunden auskühlen lassen. Die Glasur schmelzen und die Torte damit überziehen. Sofort mit Kakaopulver überstäuben und mit Marzipansternen dekorieren.

Variante

Sie können diesen Kuchen auch in der Kastenform backen. Und wenn Sie diesen vor dem Überziehen in Würfel schneiden und dann erst die Glasur daraufgeben, haben Sie ein paar üppige Pralinen.

Schön zum Verschenken

Für etwa 40 Stück

50 g Sultaninen
4 EL Rum
40 g Haselnußkerne
120 g gemahlener Mohn
150 g Honig
1 Päckchen Vanillezucker
40 g Mandelstifte
neutrales Pflanzenöl

Arbeitszeit: 1 Stunde
Kühlzeit: über Nacht

Honigmöhnchen

1 Die Sultaninen in einem Sieb abspülen, gut abtropfen lassen und mit dem Rum erhitzen. Abkühlen lassen. Die Haselnußkerne 3 Minuten in kochendes Wasser geben, auf ein Sieb schütten und eiskalt abspülen. Die Nüsse aus den Häutchen drücken, abtrocknen und grob hacken.

2 1/2 l Wasser aufkochen, Mohn, Honig und Vanillezucker dazugeben und alles unter Rühren etwa 45 Minuten köcheln lassen, so daß eine feste, nicht mehr fließende Masse entsteht. Die Sultaninen, Nüsse und Mandelstifte darunterrühren.

3 Ein Backblech dünn mit Öl bestreichen und die Mohnmasse darauf gut 1 cm dick verstreichen. Mit Folie abdecken und im Kühlschrank über Nacht durchkühlen lassen. Dann die Platte in kleine Würfel schneiden und die Honigmöhnchen kühl und luftdicht verpackt aufbewahren.

Variante

Sie können die Honigmöhnchen noch mit Marzipan verfeinern. Dazu 300 g Rohmasse mit 150 g Puderzucker und 3 EL Rum verkneten und auf mit Puderzucker bestreuter Fläche dünn ausrollen. Auf ein Blech ziehen, mit Johannisbeergelee bestreichen und die Mohnmasse darauf wie oben verstreichen. Nach dem Kühlen die Oberfläche dünn mit erhitztem Gelee bestreichen und mit weißen Schokoladenraspeln bestreuen.

Frankfurter Bethmännchen

Klassiker

Für 20–30 Stück

- etwa 60 ganze Mandelkerne
- 300 g Marzipan-Rohmasse
- 100 g geschälte, gemahlene Mandeln
- 3 EL Mehl
- 100 g Puderzucker
- 1 Ei
- 1–2 TL Rosenwasser (aus der Apotheke)
- Puderzucker zum Ausrollen

Arbeitszeit: 50–60 Minuten
Backzeit: 15–18 Minuten
E Herd 100 °C und 150 °C/Umluft 100 °C und 140 °C/Gas Stufe ½ und 1

1 Den Ofen auf 100 Grad erhitzen. ½ l Wasser aufkochen, die Mandelkerne 3 Minuten hineingeben, auf ein Sieb gießen und eiskalt abspülen. Dann die Kerne aus den Häutchen drücken, auf ein Blech geben und 10 Minuten im Ofen trocknen lassen.

2 Das Marzipan zerpflücken und mit den Mandeln, dem Mehl und dem Puderzucker verkneten. Das Ei trennen, das Eiweiß mit dem Rosenwasser verquirlen und unter die Masse kneten.

3 Die Masse auf mit Puderzucker bestreuter Fläche zu 2 cm dicken Rollen formen, diese in 2 cm dicke Scheiben schneiden und zu Kugeln formen. Die Mandeln flach halbieren.

4 Den Ofen auf 150 Grad vorheizen. Je 3 Mandelhälften mit der Wölbung nach oben seitlich in die Marzipankugeln drücken. Die Bethmännchen auf ein mit Backpapier belegtes Blech setzen.

5 Das Eigelb mit 1–2 EL Wasser glattrühren und die Bethmännchen damit dünn bestreichen. Im heißen Ofen (Mitte) 15–18 Minuten backen, so daß sie nur leicht Farbe bekommen.

Na, so was!

Daß dieses schnell gemachte Konfekt aus Frankfurt stammt, ist sicher. Unklar aber bleibt, ob ihm nun die dortige Bankiersfamilie Bethmann den schönen Namen gab, indem sie für jeden Sproß der Familie eine Mandel ins Marzipan drückte, oder ob die Kerne an zum Gebet aufgerichtete Hände erinnern sollten.

Originell
Für 30–40 Stück

Kufsteiner

250 g getrocknete Birnen	
150 ml Rotwein	
etwa 300 g Walnußkerne	
1 Päckchen Vanillezucker	
1/2 TL gemahlener Zimt	
1 Msp. gemahlene Nelken	
1 Msp. gemahlene Muskatnuß	
1 Msp. weißer Pfeffer	
300 g Vollmilch-Kuvertüre	

Arbeitszeit: 45 Minuten
Ruhezeit: über Nacht
Kühlzeit: 2 Stunden

Dieses leckere Konfekt aus »Kletzen« (getrocknete Birnen) und Walnüssen könnte man auch Alpentrüffel nennen. Wer's besonders kraftvoll mag, kann die Birnen in Birnenbrand statt Wein quellen lassen. Für Kinder eignet sich dagegen Apfelsaft als Ersatz.

1 Die Birnen in eine Schüssel geben. Den Wein mit 100 ml Wasser verrühren, über die Birnen gießen und diese über Nacht zugedeckt quellen lassen.

2 Die Birnen gut abtropfen lassen und wie die Walnußkerne grob hacken. 200 g Walnüsse mit den Birnen, Vanillezucker und Gewürzen in der Küchenmaschine fein pürieren, so daß ein feste, formbare Masse entsteht. Falls nötig, noch einige Nüsse zugeben.

3 Die Masse zu 2 cm dicken Rollen formen, in knapp 2 cm dicke Scheiben schneiden und diese zu Kugeln formen. Zugedeckt 2 Stunden durchkühlen lassen.

4 Die übrigen Walnüsse noch etwas feiner hacken. Die Kuvertüre schmelzen und temperieren (siehe Seite 19). Die Kufsteiner eintauchen, auf Gitter setzen und leicht antrocknen lassen. Dann in den übrigen Walnüssen rollen, auf Backpapier setzen und völlig antrocknen lassen.

Rezept- und Sachregister

A

B

C

E

F

G

H

I

K

L

M

N